Die Kunst mit Pferden zu sprechen

Fred Rai

Die Kunst, mit den Pferden zu sprechen

Sanftes Reiten ohne Peitsche und ohne Sporen

Mit einem Vorwort von Andreas Grasmüller

CORMORAN

Bildnachweis:

Alle Fotos von Reinhard Kurzendörfer, Taufkirchen,
mit Ausnahme der Abbildungen auf den folgenden Seiten:
S. 172, Hugo M. Czerny, München; S. 73, Herbert Graf, Wien; S. 75 unten,
Michael Herzog, Penzberg; S. 27, Mitschke, Wiesbaden; S. 23 oben und unten, 26,
Privatarchiv Fred Rai; S. 15 oben und unten, 19, 118/119, 155 oben und unten, 162,
163, 164 oben und unten, 169,171,174,175,178, Thomas Zimmermann, Köln.

Umschlaggestaltung: Heinz Kraxenberger, München
unter Verwendung eines Fotos von Reinhard Kurzendörfer

Der Cormoran Verlag ist ein Unternehmen der
Verlagshaus Goethestraße GmbH & Co. KG

Die Originalausgabe erschien 1992 unter dem
Titel »Ohne Peitsche, ohne Sporen« im Südwest Verlag, München

Printed in Slowakia

ISBN: 3-517-09044-1

Inhalt

Vorwort

Es bringt immer Probleme, wenn ein Tierfreund Bücher über Pferde liest, die außer über die Pflege auch über die artgerechte Haltung und die Darstellung des Pferdes und seine Verhaltensweise sprechen. Manchem, der im Pferd einen Sportartikel sieht, den er dazu benützt, um Wettbewerbe mitzumachen, Ehrungen anzustreben, interessiert die Lebensweise und schon gar die Verhaltensart eines Pferdes nur am Rande. Es muß springen, galoppieren, traben, es muß sich der Musik beim Gehen anpassen, unnatürliche Gangarten darbieten und vieles mehr.
Sicherlich sind Reiter oft mit ihren Pferden sehr verbunden. Wenn sie aber von ihrem „Bock" sprechen, der nicht das gebracht hat, was er bringen sollte, erkennt jeder Außenstehende die verächtliche Einstellung dieses Menschen zu seinem Pferd
Wie oft habe ich überlegt, welche Angstgefühle ein Tier ausstehen muß, wenn man es zwingt, über Hindernisse zu springen, die es vorher gar nicht gekannt hat, obwohl die Möglichkeit bestanden hätte, bei solchen Veranstaltungen am Tag zuvor dem Tier den Parcours zu zeigen. Aber vielleicht wissen solche „Tierfreunde", daß das Pferd unter den Haustieren zu den duldsamsten gehört und nur dann eine Leistung verweigert, wenn die Angst größer ist als der Schmerz durch die harte Trense im empfindlichen Pferdemaul.
Wenn ein Pferdefreund der Meinung ist, daß nicht mehr verwendbare Tiere dem Schlachter zugeführt werden müssen, weil sie keine Leistung mehr erbringen, dann glaube ich, ist das Wort „Freund" sicherlich fehl am Platze. Pferde sind Kreaturen, die keine Schmerzlaute von sich geben, wie dieses Buch eindringlich aufzeigt. Jeder, der mit Pferden zu tun hat, sollte sich einmal mit dem Gedanken befassen, ob alles, was er macht – beispielsweise im Polosport, bei Trabrennen und ähnlichen Publikumsdarbietungen – human ist. Der Reiter spürt keine Schmerzen, das Pferd jedoch muß sie um so mehr erdulden. Das halte ich für unmenschlich.
Ich selbst habe mich immer für die Hilflosen eingesetzt, für diejenigen, die sich selbst nicht helfen können – für Kinder, alte Menschen und vor allem für Tiere. Weil ich gerade selbst bis vor einigen Monaten eine gewisse Distanz zu

Pferden hatte, mich sogar wegen eines Kriegserlebnisses nie in ihre unmittelbare Nähe traute, habe ich dieses Buch mit besonderer Vorsicht gelesen. Ich erwartete, wieder einmal etwas vorgetragen zu bekommen, was mit meiner Einstellung zum Tier nicht vereinbar wäre.
Um so erstaunter stellte ich fest, daß der Verfasser eine Verbindung zu seinen Pferden zum Ausdruck bringt, die über jeden Zweifel erhaben ist. Mit diesem Buch ist wohl der Anfang gemacht für eine absolute Änderung in der Verhaltensweise nicht der Pferde, sondern der Menschen.
Springreiter, die ihre Pferde barren oder beschönigend touchieren, reiterliche Vereinigungen und Reitervereine, die die Trense als Selbstverständlichkeit ansehen, werden bald der Vergangenheit angehören, denn jeder, der dieses Buch liest, wird erkennen, daß er seinem Partner Schmerzen zufügt – Schmerzen, die kein Pferd erleiden müßte.
Anläßlich eines Vortrages habe ich einmal die Behauptung aufgestellt, daß kein Mensch Fleisch essen würde, müßte er seine Tiere selbst töten. Lautstarker Beifall stimmte mir zu. Anschließend aber vergnügten sich die Anwesenden mit Fleischgerichten verschiedener Art. Der Gedanke an die Tötung durch die eigene Hand war vergessen.
Ich wünsche mir, daß die ehrlichen und sicherlich für viele neuen Erkenntnisse aus diesem Buche nicht lediglich vorübergehenden Erfolg haben, sondern daß sich die Gruppe derjenigen jungen Menschen vermehrt, die den wahren Freund und Partner in ihrem Pferde sehen und nicht nur das Werkzeug für angenehme Stunden oder eine sportliche Leistung.
Fred Rais Buch gehört in die Hände aller, die mit Pferden zu tun haben, vor allem in die Hände der Pferdetransporteure, die den Tieren einen peinvollen Weg über Hunderte von Kilometern zum Schlachthof zumuten. Vielleicht erkennen sie dann, daß ein Partner, der für den Menschen sein ganzes Leben lang geduldig gearbeitet hat, eine solche Behandlung nicht verdient.

Dr. Andreas Grasmüller
Präsident des Deutschen Tierschutzbundes

Warum ich dieses Buch geschrieben habe

Wenn ein „Cowboy" wie ich, der am liebsten im Sattel sitzt, sich mit seiner sonst recht selten genutzten Schreibmaschine abgibt, um ein Buch über seine engsten, treuesten Freunde, die Pferde, zu schreiben, dann muß ihn schon der Stiefel drücken. Und dieser Stiefel drückt mich gewaltig und schmerzhaft!

Ich sage auch gleich, warum: Kaum jemand, der mit diesen herrlichen, sensiblen, kraftvollen und treuen Lebewesen umgeht, denkt darüber nach – oder weiß es vielmehr nicht –, daß das Pferd eines der wenigen Tiere ist, die keinen Schmerzlaut kennen. Sie können nicht schreien, wenn sie Leid erdulden müssen. Selbst alte, erfahrene Pferdefreunde machen ein nachdenkliches Gesicht und schauen mich immer wieder verwundert an, sobald ich sie auf dieses Thema anspreche.

Schon seit vielen Jahren beschäftige ich mich mit der Psyche und der Verhaltensweise dieser edlen Tiere. Aus den Erkenntnissen heraus habe ich eine Methode entwickelt, wie man ein Pferd richtig erzieht – ohne Gewalt, ohne Trense, ohne Peitsche, ohne Sporen, nur mit Liebe und Zuneigung. Eine Methode, die absolut das Gegenteil dessen darstellt, was bei uns üblich ist.

Pferde sind nicht stumm, sie wiehern doch, werden mir viele entgegenhalten. Falsch gedacht, Freunde. Das Pferd kann, muß es Schmerzen erdulden, seine Qualen nicht hinausschreien. Sein Wiehern ist lediglich ein Laut im Stute-Hengst- und Herdenverhalten.

Wem wurde denn schon einmal während seines Reitunterrichts außer Begriffen wie Schenkelweichen, Angaloppieren, Vor- und Rückhandwendungen, tiefer Absatz und all den „wichtigen" Dingen beigebracht, daß ein Pferd kein Aggressions-, sondern ein Fluchttier ist? Daß es nur gefährlich sein kann, wenn es Angst hat?

Nur die natürliche Scheu vor fremden Dingen löst ungewünschtes Verhalten aus. Wer weiß denn schon, daß das Pferd als Bewegungstier zum Wohlbefinden den täglichen freien Auslauf viel nötiger hat als stundenlanges Putzen, das ihm den natürlichen Schutz gegen die Fliegen nimmt? In wie wenigen Fällen wird humane Ausbildung gelehrt? Warum muß eine solche Ausbildung bei diesem als Fluchttier so ängstlichen Lebewesen immer mit Schmerzen ver-

bunden sein? Man erreicht viel mehr, wenn man nicht das Falsche bestraft, sondern das Richtige belohnt.
Ist es nicht schöner, wenn ein Pferd freiwillig und freudig in Erwartung einer Belohnung den Willen seines Reiters ausführt, anstatt widerwillig und freudlos, aus Angst vor einer Bestrafung, einen erzwungenen Gehorsam zu leisten? Ich gehöre absolut nicht zu den Extremisten, nein, ich lehne sie ganz im Gegenteil ab und fürchte sie, weil sie jeder guten Sache mehr schaden als nützen; Extremisten sind auch diejenigen, die behaupten, es sei schon Tierquälerei, mit Pferden überhaupt zu reiten oder zu arbeiten.
Von Natur ist das Pferd ein Bewegungstier. Es bewegt sich nicht nur gern, sondern braucht täglichen Auslauf zu seinem Wohlbefinden, wie mir einst Professor Bernhard Grzimek, Tierforscher und ehemaliger Direktor des Frankfurter Zoos, einer der größten Tierkenner überhaupt, versicherte. Jeder Mensch muß für seinen Lebensunterhalt arbeiten. Auch ein Tier kann eine Leistung vollbringen, wie sie auch draußen in der Natur von ihm gefordert wird. Sie muß allerdings artgerecht und angemessen sein und keinesfalls eine Quälerei. Nur so ist bei vernünftigem Training auch eine faire sportliche Leistung zu rechtfertigen.
Ich will aber in diesem Buch, wie es sich für einen „Cowboy" gehört, auch knallhart die Frage stellen: Was muß oder will ich im Höchstleistungssport mir oder anderen auf Kosten einer gequälten Kreatur beweisen? Wenn sich Boxer gegenseitig die Nase plattschlagen, wenn Rennfahrer in die Leitplanke rasen oder Fußballer sich die Muskeln oder Sehnen reißen, so ist das schlimm, aber niemand zwingt die Betroffenen dazu, ihre Gesundheit oder gar ihr Leben aufs Spiel zu setzen. Wer aber fragt das Pferd, ob es über Oxer und Mauern von zwei Metern und mehr springen will? Ob es bei Military-Veranstaltungen, oft nicht austrainiert, noch in der Lage ist, nach kilometerlanger Jagd um Sekunden noch letzte, festgebaute Hindernisse zu überwinden? Wer verantwortet es beim Grand National in England, dem brutalsten Hindernisrennen der Erde, einen Pulk Pferde über Hindernisse zu jagen, wobei der Aufsprung, für die Pferde nicht kalkulierbar, tiefer liegt als der Absprung? Ein Rennen, bei dem ein breiter Graben, hinter einer hohen Hecke verborgen, von den Pferden nicht gesehen werden kann und diese in Massenstürze treibt?
Kann das der Schirmherr dieser Veranstaltung, Prinz Philip, der auch gleichzeitig der Präsident des World Wildlife Fund ist, verantworten?

Wie man sieht, ist auf der ganzen Linie vieles faul. Hochleistungssport ist gesundheitsschädlich und fast immer mit Qualen, Verletzungen und Angstzuständen verbunden. Ist sportlicher Erfolg vielleicht das einzig Erstrebenswerte beim Reiten?
Damit komme ich zu meinem zweiten Anliegen, die Augen, Ohren und das Herz für die wohl schönste Freizeitbeschäftigung der Welt zu öffnen, nämlich mit unserem treuen Freund, dem Pferd, in der Freiheit zu reiten.
Gibt es etwas schöneres, als sich auf dieser kraftvollen und doch so anmutigen Kreatur zu bewegen, eine Einheit zu werden mit Tier und Natur? Welches Gefühl der Dankbarkeit für das große Geschenk Leben erfüllt – wie etwa es der philosphierende Münchner Schriftsteller Helmut Zöpfl ausdrückt – den Menschen, wenn er in Verbundenheit mit diesem feinfühligen Tier einen Sonnenuntergang betrachtet oder einen murmelnden, blumenumsäumten Bach! Welche Erhabenheit, auf einem Hügel vom Rücken deines Pferdes aus in die Runde zu blicken, losgelöst von allen Zwängen unseres technisierten Daseins. Du bist dem Himmel tatsächlich ein bißchen näher – du lebst!
Ich möchte, zum Wohl von Mensch und Tier, möglichst viele Pferdefreunde für das gewaltlose Freizeitreiten begeistern und dazu beitragen, daß jeder Reiter bei der schmerzfreien Ausbildung seines Tieres Freude und Erfolg haben wird. Damit würde auch die Unfallgefahr beim Reiten und beim Umgang mit Pferden überhaupt bedeutend verringert. Ich will wirklich auch dem letzten Pferdeliebhaber immer wieder einhämmern, daß sein Kamerad dazu verdammt ist, Schmerzen stumm ertragen zu müssen.
Sollten meine Hoffnungen in Erfüllung gehen, dann habe ich nicht umsonst monatelang auf meinen geliebten Sattel verzichtet, um mit der Schreibmaschine für meine treuen Freunde zu kämpfen. Frohen Herzens würden wir dann das alte Sprichwort bestätigt sehen: „Das höchste Glück der Erde liegt auf dem Rücken der Pferde."
Ich bitte euch um Verständnis, wenn ich in diesem Buch auf das unter Reitersleuten übliche vertrauliche „du" verfalle – haben wir doch alle eines gemeinsam: die Liebe zu diesen treuen Tieren. Ich hoffe, mit meinem Buch nicht nur neue Freunde gewonnen zu haben, sondern Mitstreiter für die gequälte Kreatur Pferd, dem alten und doch so unverstandenen Kameraden des Menschen.

Fred Rai

Abseits der Straßen ist man dem Alltags-Streß weit entrückt

Pferde erdulden Schmerzen stumm

Daß ein Pferd keinen Schmerzlaut kennt, ist eine Tatsache, über die sich bisher wohl kaum jemand Gedanken gemacht hat. Wiehern und Schnauben sind Laute im Stute-Hengst- und Herdenverhalten. Schmerzen kundzutun ist diesem armen Tier leider von der Schöpfung nicht mitgegeben worden, wenn man von einem leisen, fast nicht hörbaren und äußerst seltenen Stöhnen absieht.
„Armes Tier" sage ich deshalb, weil dieser fehlende Schmerzlaut in zahllosen Fällen brutal ausgenutzt wird. Wir nehmen die markerschütternden Schreie von Hunden, Katzen und Schweinen wahr, wenn sie Schmerzen erleiden. Es tut uns selbst weh. Doch bei Turnieren schauen wir freudig zu, wie Pferde mit ihren sensiblen Beinen kiloschwere Holzstangen und Mauerkästen zu Fall bringen. Harte Paraden mit scharfer Kandare im weichen, empfindlichen Pferdemaul sind ebenso schmerzhaft, wenn das mit Sporen erzwungene Vorwärtsstürmen auf unnatürliche Hindernisse jäh abgebremst wird. Doch Pferde schreien nicht...
Welches Wehklagen wäre bei der Ausbildung von Springpferden zu hören! Mit Stangen schlagen die „Ausbilder" an die ungeschützten, empfindlichen Beine des Tieres und treiben das so gepeinigte Pferd dazu, immer noch höher, immer noch weiter zu springen. Vor diesem sogenannten „Barren" machen nicht einmal unsere Springsportgrößen und Olympiasieger halt, wie Dokumentarfilme im Fernsehen eindeutig gezeigt haben. Welche Ironie, wenn diese „Spitzensportler" auf Kosten einer gequälten Kreatur erhobenen Hauptes die Nationalhymne vor aller Welt genießen und in riesigen Verkaufsställen mit zur Höchstleistung getriebenen Springpferden Millionen verdienen!
Noch heute würden sie als leuchtendes Beispiel für die sportinteressierte Jugend dastehen, wären diese Filmdokumente nicht an die Öffentlichkeit gelangt.
Natürlich wissen wir, daß dieses Barren offiziell genauso verboten ist wie der Einsatz von Stromstöcken beim Rennsport, die Elektroschocks auslösen und das Pferd in seiner Panik noch schneller laufen lassen. Aber wen kümmert es schon, wenn er auf Kosten einer stummen, gequälten Kreatur sportlichen Lorbeer oder gar Siegesprämien einsacken kann, diese verbotenen Mittel im Training einzusetzen?

Wenn sie schwere Mauerkästen oder Holzstangen zu Fall bringen, erleiden Pferde schlimme Pein. Doch schreien können sie nicht...

Das brutalste Pferderennen der Welt ist das „Grand National" in England: Oft nicht einmal die Hälfte der gestarteten Pferde erreicht das Ziel

So gehört auch die schmerzbringende, stahlarmierte Reitgerte zur normalen Reitausrüstung. Selbst Anfängern wird die Benutzung von Peitschen und Sporen zugestanden. Wo bleibt die Tierliebe der Jungen und Mädchen, wenn sie mit dem Zurschaustellen des Folterinstrumentes Reitgerte kundtun, zur Clique der Reiter zu gehören.
Ich bin sicher, die meisten wissen nicht, was sie tun. Wer denkt schon beim Einsatz raffinierter Schlaufzügel an das beklemmende Gefühl der Pferde? Dabei wird ein vom Sattelgurt ausgehender Lederriemen zwischen den Vorderbeinen durch den Trensenring geführt und dem Reiter damit eine Zwangsjacke für das Pferd in die Hände gegeben. So kann der Kopf des Pferdes bei jeder Gangart auf die Brust gezogen werden, um eine unechte Versammlung zu erreichen. Dies ist deswegen besonders „toll", weil ein erfolgreicher deutscher Springreiter mit dieser Methode große Siege feierte.
Leider sind wir mit der schrecklichen Auflistung von Qualen noch lange nicht am Ende. Wenn ich an die „Sliding Stops" beim Westernreiten denke, wo mittels blanker Kandaren und „dank" scharfer Sporen vom Pferd brutale Stops verlangt werden, wird mir ganz schlecht.
Wie oft sieht man Militarypferde, die nicht austrainiert sind, wie sie nach kilometerlanger Jagd nach Sekunden entkräftet über die letzten festgebauten Hindernisse stürzen und dabei nicht selten die Beine oder das Genick brechen. Welche Qualen erleiden die armen Pferde in den Hippodromen auf Jahrmärkten, wenn sie oft acht Stunden und mehr mit tief auf die Brust ausgebundenen Köpfen stupide, mit ständig auf den Rücken plumpsenden Tölpeln, im Kreis rennen müssen.
Man stelle sich selbst einmal das grauenhafte Gefühl vor, nur eine Stunde lang einen Rucksack mit Ziegelsteinen tragen zu müssen, dies jedoch mit einem auf die Brust gezogenen Kopf. Im Mund hat man zu diesem Zweck ein schmerzendes Folterinstrument aus Eisen, das es einem unmöglich macht, sich auch nur einmal entspannend zu strecken.
Vergessen wir nicht die vielen tausend Pferde, die jedes Jahr den Nervenschnitt erhalten, weil durch viel zu häufige Sprünge mit viel zu jungen Pferden die Hufgelenke zerstört worden sind. Das Durchtrennen des Nervs über dem zerstörten Sprunggelenk nimmt wohl dem Pferd den Schmerz, doch dann verlangt man von ihm mit tauben und gefühllosen Hufen weiterhin sportliche Leistungen. Unmenschlich!

Mit dem Schlaufzügel hält der Reiter eine Zwangsjacke für das Pferd in Händen. Der Kopf des Tieres kann auf die Brust gezogen werden, um eine unnatürliche Gangart zu erreichen

Die schmerzbringende, stahlarmierte Gerte gehört leider zur gängigen Reitausrüstung. Wo bleibt da die Tierliebe der „Pferdefreunde“? Sie wissen nicht, was sie tun!

Wie wenige Rennpferde erreichen die Altersgrenze im Rennsport? Wenn man bedenkt, daß Pferde erst mit sechs bis sieben Jahren ausgewachsen sind und ich dann Pferderennen mit zwei- bis dreijährigen Fohlen sehe, dreht sich mein ansonsten robuster Magen um. Dabei habe ich die weit früher beginnende Trainingszeit noch gar nicht berücksichtigt.

Es ist unfair, von einem Pferd mehr zu verlangen als von sich selbst

Wenn Pferde schreien könnten – welche Fernsehanstalt würde ihren Zuschauern dann zumuten, das ohrenbetäubende Wehklagen beim brutalsten Pferderennen der Welt, dem Grand National in England, mitanzuhören? Sie stürzen in Massen – bei diesem Rennen erreicht oft nicht einmal die Hälfte der gestarteten Pferde ihr Ziel.

Man könnte diese Liste beliebig lang fortsetzen. Bessern können sich diese Mißstände erst dann, wenn sich alle, Reiter, Pferdefreunde und Zuschauer, völlig bewußt sind, daß das Pferd den Schmerz genauso spürt wie wir Menschen.

Ich bin sicher, daß die Masse aller Pferdefreunde sich angesichts dieses stummen Duldens bisher keine Gedanken darüber gemacht hat, welcher Pein und welchen Ängsten dieser gute alte Kamerad und Helfer des Menschen täglich ausgesetzt ist.

Vor allem leistet auch die Gedankenlosigkeit all denen Vorschub, die auf Kosten einer mißbrauchten Kreatur ihre eigene, fehlende Leistungsbereitschaft ausgleichen wollen. Man kann dies nicht treffender zum Ausdruck bringen als mit dieser Weisheit:

„Es ist unfair, vom Pferd mehr zu verlangen als von sich selbst!"

Ich habe es mir zur Lebensaufgabe gemacht, so viele Menschen wie möglich auf den bei Pferden fehlenden Schmerzlaut hinzuweisen. Bei jedem meiner Gesangsauftritte mit meinem Pferd „Spitzbub", bei jedem Rundfunk- und Fernsehinterview und immer dann, wenn ich mit Pferdefreunden zusammentreffe, mache ich auf diese Tatsache aufmerksam.

Somit auch die Bitte an euch – helft mir bei meiner Aufgabe. Bringt mit mir diese Lawine ins Rollen! Dann bin ich sicher, daß in absehbarer Zeit allen Menschen, die sich mit Pferden befassen, bewußt ist, welche besondere Verantwortung es bedeutet, mit einem Tier, das stumm und untertan dem Menschen ausgeliefert ist, zu arbeiten und sportliche Leistungen zu vollbringen.

Dann werden Proteste verhindern, daß weiterhin un-

menschliche Leistungen aus diesen Tieren herausgepreßt werden, daß die peinigende Peitsche und die scharfen Sporen nicht mehr zur Grundausstattung des Reiters gehören dürfen. Eine neue Generation von Reitlehrern und Ausbildern wird heranwachsen, die nicht nur mechanisches Reiten lehrt, sondern sich auf das Fluchttier Pferd einzustellen vermag. Ein Mangel bisher, den auch die Verbände als Dachorganisation für den Beruf des Reitlehrers schnellstens ändern sollten. Sportliche Erfolge dürfen beim Reiten nicht das einzig Erstrebenswerte sein.
Auch das Freizeitreiten, wie ich es propagiere, stellt eine durchaus sportliche Disziplin dar. Doch bei ihm haben Reiter und Pferd Spaß, wird das Pferd doch fair behandelt. So werden wir wieder zu den Wurzeln zurückkehren. Denn dieses herrliche, feinfühlige Tier ist dazu geschaffen, sich gewaltlos mit lockeren Zügeln dort bewegen zu dürfen, wo es herkommt – in der freien Natur.
Wenn ihr dazu noch den Mut aufbringt überall dort, wo Pferde gequält werden, euer Veto einzulegen, dann muß ich euch nicht nur in meinem, sondern im Namen unserer stummen Freunde von ganzem Herzen danken.

Wie oft sieht man nicht austrainierte Military-Pferde, die nach kilometerlanger Jagd entkräftet über die letzten, festgebauten Hindernisse stürzen und sich dabei nicht selten die Beine oder das Genick brechen!

Mein erstes Pferd nannte ich Bubi

Wie eng eine Verbindung zwischen Mensch und Pferd werden kann, zeigt euch die Geschichte meines ersten eigenen Pferdes. Eigentlich hieß es Sultan. Ich jedoch nannte ihn liebevoll Bubi, denn er steckte wirklich voller Bubenstreiche.

Achtzehn Jahre alt und knapp bei Kasse, wie sich das für einen anständigen Jungen gehört, war es für mich höchste Zeit, endlich stolzer Besitzer eines eigenen Pferdes zu sein. Das ist wohl der Wunschtraum eines jeden Reiters, der schon jahrelang das wechselnde Vergnügen hatte, auf dem Rücken von Schulpferden, Bauerngäulen, Miet- und Leihpferden das höchste Glück der Erde zu suchen.

Bubi war mit Abstand nicht der schönste im reichhaltigen Angebot einjähriger Fohlen. Ganz im Gegenteil: Der Ramskopf dieses Württembergers hatte rein gar nichts mit der stolzen Rasse der Araber zu tun. Dafür waren die Beine etwas zu kurz und zu stramm geraten, was nach meiner Meinung für seinen kräftigen Körper nur gut sein konnte. Daß er bereits einjährig mit der folgenschweren Untugend des Krippenbeißens oder Koppens behaftet war – darüber werde ich an späterer Stelle noch berichten müssen –, steigerte auch nicht gerade meine Kauflust.

Zwei Dinge jedoch überzeugten mich von dem Kauf, den ich niemals bereuen sollte: die guten, spitzbübischen Augen, vor allem aber der Kaufpreis. Bubi war unter all den Angeboten das billigste Pferd. Ganze 500 Mark kostete es mich damals, stolzer Pferdebesitzer zu werden. Gute Voraussetzungen in Form einer großen, schattigen Baumwiese und eines offenstehenden Stalls, den er nach Belieben aufsuchen konnte, waren gegeben. Meine ganze Freizeit gehörte meinem neuen Kameraden, der sich prächtig entwickelte. So war ich, in der Ermangelung weiterer Pferde, in Bubis Augen schon bald sein Artgenosse und Spielkamerad.

Wenn ich auch das hengstgerechte Steigen auf der Hinterhand mit meinem Körper und den ausgestreckten Armen lange nicht so imposant nachahmen konnte – ich machte sie alle mit, die spielerischen Zweikämpfe der Fohlen. Ihm genügte meine dürftige Darstellung, sie schien ihm sogar zu gefallen.

Das geliebte Fellknabbern der Fohlen ersetzte ich ihm ge-

Die herrlichen, feinfühligen Pferde sind dazu geschaffen, sich ohne Einwirkung von Gewalt dort zu bewegen, wo sie zu Hause sind – in der freien Natur

nauso wie die unter Fohlen üblichen Wettrennen, die ich mitunter dadurch gewinnen konnte, daß ich mich an einem Baum festhielt und so die Richtung schneller ändern konnte als er. Niederlagen „ahndete" Bubi, indem er gespielt ärgerlich, aber niemals ernstgemeint oder gar bösartig, mit beiden Hinterbeinen austrat.
Seine aus dem Herdenverhalten herrührenden Drohgebärden – Bubi wurde ja schließlich zum Mann – beantwortete ich stets konsequenter, und so war ich bald als sein ranghöheres Herdentier akzeptiert, was er mit einer ungeheuren Anhänglichkeit und Treue bewies.
Nie mehr in meinem langen Zusammensein mit meinen geliebten Pferden erlebte ich jemals wieder eine derartig enge Verbindung und Vertrautheit. Ich war schließlich das einzige „Bezugstier" für meinen Bubi, der allein mit mir groß geworden war.
Ins Mannesalter gekommen, waren wir bald derart verwachsen, daß ich ihn im Gelände selbst ohne Sattel, Zügel und jegliches Halfter in jeder Gangart reiten konnte.
Die Zügel ersetzte ich durch Gewichtsverlagerung, Paraden übermittelte ich durch die Stimme. So war es für mich überhaupt kein Problem, Bubi aus vollem Galopp mit einem klaren „Steh" zum Halten durchzuparieren.
Mit Bubi, nur durch Belohnung zum Springen ausgebildet, war ich in der Lage, einen Parcours ohne jegliche Zäumung fehlerfrei zu überwinden, was ich in Showeinlagen bei etlichen Veranstaltungen bewies. Dabei habe ich jedoch nie Bubis gutes Springvermögen überfordert.
So war es auch bei Urlaubsritten nicht nötig, Bubi festzubinden, wenn wir am Waldesrand Rast einlegten. Ein Ruf genügte, und treu kam er angetrottet, um mit mir den Weg wieder fortzusetzen.
Mit Bubi begann meine Karriere als Westernsänger zu Pferd. Ein erfahrener Künstleragent erkannte die Attraktivität dieser einmaligen Vertrautheit zwischen Mensch und Tier. Nach kurzer Gewöhnungszeit fühlte sich Bubi schon bald recht wohl in der Gesellschaft vieler Menschen, und er genoß es sichtlich, im Mittelpunkt zu stehen, da dies ja mit Zärtlichkeiten und Leckereien verbunden war.
Eine Eigenheit hatte Bubi allerdings. Er respektierte ausschließlich mich als Herrn und Reiter. Diese für andere oft negative Erfahrung mußten auch versierte Reiter machen, die einmal diesen „ganz von alleine gehenden" Reituntersatz ausprobieren wollten.

Bubi und ich waren bald derart verwachsen, daß ich ihn im Gelände selbst ohne Sattel, Zügel und Halfter in jeder Gangart reiten konnte

Nur durch Belohnung war Bubi zum Springen ausgebildet worden. Ohne Sattel und Zäumung konnte ich ihn fehlerfrei über jeden Parcours steuern

So war Bubi der Grund für die Erheiterung vieler tausend Menschen bei einer abendlichen Wohltätigkeitsveranstaltung im Stadion einer süddeutschen Großstadt. Als farbenprächtige Showeinlage war eine Jagdszene mit Pferden und Hundemeute geplant. Nach den Klängen der Jagdhörner sollte ein Kurs über niedrige, einladend breit gebaute Hindernisse durch das Stadion absolviert werden. Angeführt durch einen honorigen Herrn, der nicht nur eine angesehene Persönlichkeit der Stadt war, sondern auch große Verdienste als Reiter und Richter für Pferdeleistungsprüfungen aufweisen konnte. Seine Bitte, ihm den so gut springenden Bubi als Vorauspferd zu überlassen, konnte und wollte ich ihm nicht abschlagen, zumal mein Auftritt mit Pferd ebenfalls auf dem Programm stand. Da ich den Jagdherrn wirklich ins Herz geschlossen hatte und die Bockigkeit von Bubi bei fremden Reitern kannte, machte ich ihn natürlich auf diese Schwierigkeit aufmerksam. Dank seiner langjährigen reiterlichen Erfahrungen ließ er jedoch den Einwand unbeachtet und verzichtete auf einen Proberitt.
So nahm das Schicksal seinen Lauf.

Die Zuschauer schrien vor Lachen, als Bubi wie ein Ziegenbock hüpfte

Es war ein imposantes Bild: Im gleißenden Scheinwerferlicht ritten sie unter den Klängen der Jagdhörner ein, Jagdreiter mit leuchtend roten Röcken und die Hundeführer mit ihrer quirligen Beaglemeute, angeführt von der stolzen Erscheinung des Jagdherrn auf meinem kraftvollen Pferd. Temperamentvoll galoppierte Bubi an und führte die Jagdgesellschaft quer durch das Stadion auf das erste, nur 60 Zentimeter hohe Hindernis zu. Als er willig seine Geschwindigkeit zum Sprung beschleunigte, dachte ich schon, daß Bubi sich der Ehre bewußt sei und dieses Mal auf seine Zicken verzichten würde. Doch dann legte er die Ohren an...
Bereits zum Sprung angesetzt, machte er vor dieser lächerlichen Hürde eine Vollbremsung, um dann aus dem Stand heraus mit allen vier Beinen wie ein Ziegenbock hinüberzuspringen. Die Zuschauer schrien vor Lachen, als der Reiter plötzlich auf dem Pferdehals mit rudernden Armen saß, um Sekunden später beim Bocksprung von Bubi wieder im Sattel zu landen. Nur den wirklich hervorragenden Fähigkeiten des erfahrenen Reiters war es zu verdanken, daß er nicht auf dem Allerwertesten landete.
Nach munterem Losgaloppieren wiederholte sich dieses Spiel beim nächsten Hindernis. Sicher hätte Bubi diesen nicht auszusitzenden neuen Springstil zur Perfektion gebracht, wenn nicht das Ende der wilden Jagd nach sechs

Sprüngen den Jagdherrn von seinem Schleudersitz befreit hätte.
Seither mag ich ihn noch mehr, den alten Pferdefreund und Pferdefachmann, dem nur das Wort „Ziegenbock" herausrutschte, als er Bubi zurückbrachte. Ich hätte an seiner Stelle mit Sicherheit etwas unflätiger reagiert. Übrigens übersprang ich mit Bubi anschließend in flüssigem Stil, ohne Sattel und Halfter, diese winzigen Hindernisse – er war schließlich jederzeit in der Lage, eine Höhe von 1,40 Meter zu überwinden, ohne sich dabei besonders anzustrengen.
Ich könnte noch viele Geschichten von Bubi erzählen, sie allein würden ein ganzes Buch füllen. Eine jedoch möchte ich noch anfügen, denn ich kann Leute nicht leiden, die alles besser wissen und ihre Köpfe allzu hoch tragen.
Dank meines Berufs habe ich in meinem interessanten Künstlerleben viele Persönlichkeiten kennengelernt. Glaubt mir, bei allen Menschen mit Substanz und Größe wird man keine Hochnäsigkeit finden. Sie haben es nicht nötig, mit Arroganz und falschem Stolz etwas Nichtvorhandenes vorzutäuschen.
Natürlich dürfen Erzählungen ein bißchen ausgeschmückt werden. Wenn mich jemand aber für so dumm hielt, mir die dicksten Lügen auftischen zu können, dann war das ein Fall für Bubi. Bei Ausritten konnte ich jederzeit Anfänger, selbst kleine Kinder, seinem Rücken anvertrauen, um neben ihm auf einem anderen Pferd durch schwierigstes Gelände zu reiten. Sie saßen sicher wie in Abrahams Schoß. Er folgte auf jedes meiner Worte – auch vom Sattel eines anderen Pferdes aus – und brachte alle ihm anvertrauten Anfänger wieder sicher nach Hause.
Wenn ich ihm jedoch keine Anweisungen gab, war er beim Anblick lockender Kleeblätter absolut unwillig, sich trotz treibender Schenkel- und Kreuzhilfe fremder „Aufsitzer" wegtreiben zu lassen. Erst wenn er mich, auf dem Rücken eines anderen Pferdes, aus dem Gesichtskreis verlor, machte er sich nach einem plötzlichen, mit allen vier Beinen startenden und nicht auszusitzenden Bocksprung daran, im schnellsten Galopp zu mir aufzuschließen.
Diese Tatsache im Hinterkopf, verlockte ich einen unliebsamen Gast, der sich zu einer Party mit Freunden auf meiner Ranch selbst eingeladen hatte, zu einem Ausritt auf Bubi – einen Gast, der uns den ganzen Nachmittag schon auf die Nerven ging, der sich in jedes Gespräch einmischte und alles besser wußte.

Bubi und ich waren unzertrennliche Freunde. Ich danke ihm für all die glücklichen Stunden und die Treue, die er mir geschenkt hat

Als er uns vornehmlich erfahrenen Reitern noch weismachen wollte, das goldene Reitsport-Abzeichen erworben zu haben, war er für einen Ritt auf Bubi prädestiniert.
Er schaffte es ohne Probleme bis zu einer nahen Kleewiese – und damit war auch schon das Ende seines Ausrittes gekommen.
Ich ritt auf Diana, Bubis Pferdefreundin, gemütlich weiter, in der Gewißheit dessen, was da kommen würde, sobald ich hinter der nächsten Buschreihe verschwunden war. Mit Händen und Beinen hilflos das stoisch fressende Pferd bearbeitend, schnellte der „vergoldete" Reiter plötzlich wie von einem Katapult geschossen in die Luft, um dann unter dem Gelächter der eingeweihten Zuschauer kopfüber im Acker zu landen.

Unschuldigen Blickes, treu wie ein Lamm, trottete Bubi dann ohne Führung neben mir wieder zur Ranch zurück, den sich aufrappelnden Angeber keines Blickes würdigend. Dieser kam nicht mehr zurück zur Party und verschonte mich bis heute mit weiteren Besuchen – ein Verdienst meines treuen Kameraden.
Vielleicht schreibe ich irgendwann einmal die ganze Lebens- und Turniergeschichte von Bubi auf, der aus mir einen unverbesserlichen Pferdenarren gemacht hatte.
Er war ein aufopferungsvoller und erfolgreicher Sportkamerad auf vielen Springturnieren. Immer gab er sein Bestes, wenn ich Leistung von ihm forderte. Er schenkte mir das Gefühl des Siegers bei Entgegennahme der Schleifen und vermittelte mir das Prickeln des Stolzes, durfte ich auf

Bei Turnieren gab Bubi immer sein Bestes. Ich erntete die Medaillen – doch eines Tages wurde mir klar, daß sie nur einem gehörten: Bubi!

seinem Rücken vor applaudierendem Publikum die Ehrenrunde drehen.
Erst später wurde mir klar, daß eigentlich ihm der Lorbeer gebührte, daß seine Leistung die weit größere war, daß ich auf seine Kosten meinen sportlichen Ehrgeiz befriedigen durfte. Ihm verdanke ich aufgrund vieler gemeinsamer Urlaubsritte auch die Erkenntnis, daß die wahre Befriedigung beim Reiten darin liegt, sich in kameradschaftlicher und fairer Weise dort zu bewegen, wo Mensch und Tier ihren Ursprung haben, nämlich in der Natur.

All die Fehler, die ich beging, hat mir Bubi verziehen. Ein echter Freund...

Bubi machte mich vertraut mit dem Lebewesen Pferd und weckte in mir das Interesse für das artgerechte Leben der Tiere in der Natur. Er stand am Anfang meiner jahrelangen Studien über die Verhaltensweise und die Psyche der Pferde. Ich weiß, daß er mir Fehler, die selbstverständlich auch ich durch höchste Anforderungen bei Turnieren beging und zu denen ich mich auch klar bekenne, verziehen hat. Nicht nur, weil er mein Freund war, sondern weil Tiere bedingungslos treu sind.
Leider verlor ich ihn viel zu früh – eine Folge seiner Untugend des Krippenbeißens oder Koppens, dem Schlucken von Luft. Diese Unart mancher Pferde ruft Blähungen hervor. Dann wälzen sie sich und schlagen mit den Beinen; so versuchen sie dann, ihre Schmerzen zu lindern. Doch – leider – sie wissen nicht, daß das Ausschlagen beim Wälzen allzuleicht die Därme verschlingen läßt.
An einem Sonntag nachmittag, an der Geburtstagstafel meiner Mutter, erreichte mich der Anruf, daß sich Bubi auf der Koppel in Koliken wälze. Im Höllentempo fuhr ich zurück, um ihn sofort in die nächste Klinik zu bringen. Zu spät. Er starb mit nur sechzehn Jahren an Darmverschlingung, einer Folge des Koppens, die Pferde, wenn sie Langeweile haben, mitunter von Artgenossen in wenigen Minuten abschauen können. Bubi hatte es von seiner Mutter erlernt. Es gibt keine wirkliche Abhilfe. Leider.
Bubi war nicht das schönste Pferd, auch nicht das einfachste. Er besaß außer seinem etwas zu großen Kopf auch noch einen ausgeprägten Dickkopf, aber er war MEIN Pferd. Wir gehörten für die Zeit seines Pferdelebens zusammen. Wir waren unzertrennliche Freunde, und ich danke ihm für all die ereignisreichen und glücklichen Stunden und die bedingungslose Treue, die er mir schenkte.

Die Psyche des Pferdes

Das Pferd ist eines der ältesten Haustiere des Menschen. Dennoch ist über seine Psyche und ursprüngliche Verhaltensweise wenig bekannt. Als Fluchttier völlig aggressionslos, wird es nicht nur immer wieder falsch behandelt, sondern es interpretieren viele Pferdefreunde auch seine Reaktionen stets falsch.
Bei der Ausbildung der Reiterinnen und Reiter beschränkt man sich fast ausschließlich auf das mechanische Reiten. Auch in den meisten Reitlehren wird immer wieder dieser Fehler gemacht. Die Psyche jenes Tieres, mit dem man beim Reiten doch zu einer Einheit verschmelzen sollte, kommt dabei völlig zu kurz.
Viel gegenseitige Mühe und Pein könnte man Mensch und Tier ersparen, würde man nur versuchen, den Partner Pferd besser zu verstehen.
Wie sonst gäbe es diese unnötigen Zweikämpfe beim Zureiten oder die oft schrecklichen Verletzungen, wenn durch schlechte Erfahrungen geprägte Tiere beim wehrhaften Reagieren ausschlagen? Die vielen häßlichen Auseinandersetzungen beim Reiten, beim sogenannten Ungehorsam der Pferde, bilden schlagkräftige Beweise.

Tiere können nicht falsch sein

Ich muß hier auch eine absolut irrige Meinung ausräumen, die besagt: Tiere können falsch sein. Jedes Tier ist berechenbar, denn es kann nur so reagieren, wie es veranlagt ist. Zum sogenannten „Falschsein" gehört logisches Denken, zu dem nur wir Menschen fähig sind. Nur wir sind in der Lage, unserem Gegenüber freundlich ins Gesicht zu lachen, obwohl wir ihn vielleicht verachten, hassen oder Böses gegen ihn im Schilde führen.
Ein Hund muß vor einer aggressiven Handlung drohend seine Nackenhaare sträuben. Das Pferd muß die Ohren anlegen. Beides geschieht bei wehrhaftem Verhalten aus Angst oder als Drohgebärde gegenüber rangniedereren Artgenossen.
So kann ich auch nicht sagen, mein Pferd ist falsch, denn es hat mich getreten, obwohl ich es streicheln wollte. Weißt du denn, ob es nicht kurze Zeit vorher die Peitsche zu spüren bekam und sich, deine gute Absicht nicht ken-

Folterinstrumente: Peitsche, Sporen und Kandare bereiten Pferden Schmerzen. So ist ihre Angst vor den Menschen eine völlig logische Reaktion

nend, nur gegen einen vermeintlichen Angreifer wehren wollte, weil es ja nicht flüchten konnte?
Das Verhalten aller Tiere, die mit uns leben, begründet sich auf ihr ursprüngliches Verhalten in der Natur.
Wenn ich also bereit bin, mich ausgiebig mit der Lebensweise eines Wesens in seiner natürlichen Umgebung zu befassen und die Folgerungen daraus schließe, so ist jedes Tier absolut berechenbar. Dann sind auch die von menschlicher Sicht aus negativen Reaktionen leicht vorhersehbar.

Aggressions- und Fluchttiere

Die Säugetiere, mit denen wir leben, müssen wir in zwei Gruppen einteilen:
1. in die Fleischfresser oder Aggressionstiere,
2. in die Pflanzenfresser oder Fluchttiere.
Befassen wir uns zunächst einmal mit der ersten Gruppe, den fleischfressenden Tieren. In der Umgangssprache heißen sie bezeichnenderweise Raubtiere.
Um sich zu ernähren, greifen Raubiere ihre Beute an und töten sie mit ihren Reißzähnen. Denken wir dabei zum Beispiel an den Löwen, den Tiger oder an den Vorfahren unseres Hundes, den Wolf.
Sie alle sind mutige Angriffstiere, die, um zu überleben, andere Tiere töten müssen.
Die Pflanzenfresser oder Fluchttiere dagegen benötigen für ihre Ernährung kein Fleisch. Sie besitzen kein Raubtiergebiß mit Reißzähnen, weil sie reichlich vegetarische Nahrung in den Steppen, Prärien oder Wäldern finden.
Ihre „Waffe" zum Überleben sind ihre schnellen Beine, ist die blitzartige Flucht vor den Aggressionstieren. Je vorsichtiger und ängstlicher ein Fluchttier ist, desto größer sind seine Überlebenschancen.
Wir alle wissen, wie schwer es ist, sich in der freien Natur einem Fluchttier zu nähern. Es ist einem Menschen schier unmöglich, sich an ein Reh, einen Hasen, eine Gazelle, ein Zebra, aber auch an ein Wildpferd unbemerkt anzuschleichen.

Drei „Tierkreise", die man kennen sollte

Drei verschiedene Reaktionszonen sind bei Aggressions- wie bei Fluchttieren zu beachten, die allerdings je nach Art der Tiere unterschiedlich groß sind.

1. Beobachtungszone,
2. Bereitschaftszone,
3. Intimbereich.

Außerhalb des ersten und äußersten Reaktionskreises nimmt das betreffende Tier ein fremdes Objekt überhaupt nicht wahr.

Wird dieser Zirkel allerdings überschritten, beginnt die Beobachtungszone. Das fremde Objekt wird zur Kenntnis genommen und beobachtet.

Überschreitet er diesen zweiten Kreis, hält sich der Eindringling schon in der sogenannten Bereitschaftszone auf. Das Tier macht sich bereit – und jetzt unterscheiden sich die Reaktionen wesentlich:

Das Aggressionstier wendet sich zum Angriff, das Fluchttier zur Flucht.

Wird nun der dritte Kreis überschritten, gelangt der Fremde in den Intimbereich des Tieres. Hier wird sich das Raubtier mit einem sofortigen Angriff schützen, das Fluchttier jedoch sein Heil in panischer Flucht suchen, um möglichst schnell wieder einen großen Sicherheitsabstand zu gewinnen.

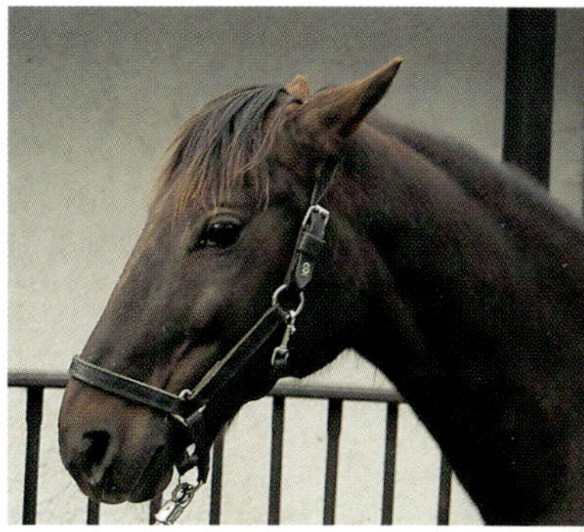

Tiere können nicht falsch sein: Die Natur hat dem Pferd mitgegeben, die Ohren anzulegen, bevor es aus Angst reagiert. Ein sicheres Zeichen…

Das Pferd wehrt sich erst, wenn es keine andere Wahl hat

Das Pferd gehört, wie schon beschrieben, eindeutig zu den Fluchttieren. Hat es Angst, wird es sein Heil im Fortrennen suchen. Der Angriffstrieb der Raubtiere ist ihm nämlich völlig fremd.

Warum haben aber Pferde, die seit Jahrtausenden Seite an Seite mit dem Menschen leben, Angst vor ihm? Die Antwort ist einfach: Sie müssen bei der Ausbildung und beim Reiten vielfach Schmerzen erdulden. So ist ihre Angst vor den Menschen eine völlig logische und für das Pferd normale Reaktion.

Denken wir dabei noch einmal an all die schmerzhaften Hilfsmittel wie Trensen, Kandaren, Sporen und Peitschen. Als Fluchttier würde das Pferd bei schlechten und schmerzhaften Erfahrungen am liebsten sofort flüchten. Angebunden, festgehalten oder in einer Box eingesperrt, ist es dazu aber nicht in der Lage. Erst jetzt wehrt es sich, muß es sich wehren, weil es keine andere Wahl hat.

Dies wird sehr oft nicht für Angst, sondern für Aggressivität gehalten. Wie falsch! Jede Maus, sicher eines der ängstlichsten Lebewesen, wird dich aus Todesangst in die Finger beißen, wenn sie in die Enge getrieben ist.

Wenn man das Vertrauen des ängstlichen Pferdes durch gute und faire Behandlung gewonnen hat, kann man sogar dessen Hinterbeine umarmen

Ein furchtbares Beispiel aus der Natur

Ich entsinne mich zum Beispiel an eine Fotoserie aus der afrikanischen Steppe. Sie war für mich so bewegend, daß mir nach zwanzig Jahren noch immer ein Schauer über den Rücken läuft, wenn ich an diese Aufnahmen denke. Bilder einer alltäglichen Tiertragödie in der oft so grausamen, gnadenlosen Natur.

1. Szene: Ein Gepard, eines der schnellsten Tiere der Welt, erklettert einen Affenbrotbaum, auf dem ein Pavian vor der Verfolgung seines Todfeindes Schutz gesucht hat.

2. Szene: Der Gepard erreicht mit starr auf das Opfer gerichteten Augen den Ast, auf dem der Pavian bis ans äußerste Ende ausgewichen ist.

3. Szene: Der Ast gibt keinen Halt mehr. Der Affe springt in das Gras und will auf baumloser Steppe vor diesem schnellen Raubtier flüchten.

4. Szene: Die gefleckte Katze hat den mit letzter Kraft rennenden Pavian bis auf wenige Meter eingeholt.

5. Szene: Im Bewußtsein, nicht entkommen zu können, stellt sich der kleine Pavian zum letzten, aussichtslosen Kampf. Die Affenhände zu Krallen geformt, das Maul weit aufgerissen, die Zähne gefletscht und einem mir nie mehr vergeßlichen Blick von Todesangst, gepaart mit verzweifeltem Mut, stürzt er sich chancenlos auf die zum Töten geborene und mit all den dazu erforderlichen natürlichen Waffen ausgerüstete Raubkatze.

6. Szene: Der kleine Pavian hängt leblos in den Fängen des Geparden.

So verteidigen sich Fluchttiere, wenn sie Angst haben – und keine Möglichkeit mehr, zu entkommen.

Ängstliches Verhalten ist noch lange kein Ungehorsam

Das Pferd kann durch seine Kraft, derer es sich jedoch nicht bewußt ist, für Menschen gefährlich werden. Aber nur, wenn es Angst hat. Leider gibt es aus diesem Grund immer wieder unnötige Unfälle, wenn Menschen sich mit diesen normalerweise so harmlosen Tieren abgeben.
Man kann allerdings das Vertrauen eines Pferdes durch klarlinige, gute und faire Behandlung gewinnen und ihm die natürliche Scheu vor den Menschen und allen ihm unbekannten Dingen nehmen. Dein Pferd ist unter normalen Umständen ungefährlicher als jeder kleine Hund, der ja von der Abstammung her ein Raubtier ist.
Jegliches Verweigern, an unvertrauten Dingen vorbeizugehen oder sich ihnen zu nähern, ist kein Ungehorsam, sondern eine ganz normale Angst vor Unbekanntem. Ich möchte dies mit einem unglaublichen Ereignis untermauern, das in einem renommierten Reiterhof passierte.
Ein junges Pferd sollte zum erstenmal in einen Transportanhänger verladen werden. Vertrauensvoll ließ es sich bis zur heruntergelassenen Verladeklappe führen. Bei deren Betreten klapperte und wackelte zwangsläufig das Fahrzeug, das auf das Pferd wie ein Gefängnis wirkte.
Das Tier sprang fluchtartig einige Meter zurück, aus tierpsychologischer Sicht ganz klar ein Fall von nackter Angst vor dem „unheimlichen" Gefährt.

Sobald ich die Klappe meines Transporters öffne, strebt mein Spitzbub, ohne geführt zu werden, in den Anhänger. Dort warten Karotten auf ihn

Das Pferd ist ein Herdentier. Sich über das Herdenverhalten klar zu werden und daraus Konsequenzen zu ziehen, ist die Basis zur Ausbildung eines Pferdes

Sind das „Fachleute", die dem Pferd einen Sack über den Kopf binden?

Aus Sicht der „erfahrenen" Reiter war das jedoch reiner Ungehorsam, der mit Peitschenschlägen geahndet wurde. Der Erfolg war, daß das junge Pferd diesen Anhänger mit Schmerzen in Verbindung brachte und jede weitere Annäherung panikartig verhinderte.
Jetzt griffen die „Fachleute" tief in die Trickkiste. Man stülpte dem verängstigten Tier einen Sack über den Kopf und traktierte es von hinten mit Peitschenschlägen. Der Sicht beraubt und um den Schmerzen auszuweichen, sprang das junge Pferd vorwärts und stürzte über die Verladeklappe.
Nun war das verunsicherte Tier durch nichts mehr zu bewegen, sich dem unheimlichen Fahrzeug um mehr als zehn Meter zu nähern. Also wurde das Anhängergespann an eine Stallwand gefahren, die Ausweichseite verbarrikadiert und versucht – ihr lest richtig! – die restlos verängstigte Kreatur mit dem Traktor hineinzuschieben. In Todesangst trat das Jungpferd mit den Hinterbeinen nach dem vermeintlichen „Ungeheuer" aus, das sich von hinten näherte. Dabei kam es mit dem rechten hinteren Bein in das Lenkgestänge. Der anschließend herbeigerufene Tierarzt mußte einen doppelten Beinbruch attestieren. Das bedeutete das Todesurteil für ein junges, unerfahrenes Pferd. Müßig zu sagen, daß man dieses vor Schmerzen schwitzende, stumm leidende Tier an einen Pferdemetzger verkaufen wollte, um wenigstens noch den Schlachtpreis zu „retten".
Die Wartezeit von vier Stunden, ohne schmerzstillende Mittel, die das Fleisch ungenießbar machen würden, wollte man ebenso in Kauf nehmen wie das Auf- und Abladen mit drei Beinen.
Das Veto des Tierarztes und die erlösende Spritze beendeten dann endlich die Qualen der gepeinigten Kreatur.
Und nun das positive Beispiel: Wenn ich die Klappe meines Pferdetransporters öffne, strebt mein Pferd und Freund Spitzbub, ohne geführt zu werden, so schnell wie möglich ins Innere meines Anhängers, um die von ihm so geliebten Karotten zu genießen, die in einer Futterkrippe auf ihn warten. Er bringt mittlerweile dieses – anfangs für jedes Pferd beängstigende – Fahrzeug mit positiven Erfahrungen in Verbindung und fühlt sich darin wohl und sicher.
Dies zeigt auch das ununterbrochene Fressen während der Transportzeit, denn bei Angstzuständen ist kein Pferd bereit, auch nur einen einzigen Grashalm zu sich zu nehmen.

Um dies noch einmal mit einem praktischen Beispiel zu verdeutlichen: Es kann auf keinen Fall von Ungehorsam die Rede sein, wenn ein Pferd beispielsweise sich weigert, an einem ihm unbekannten Holzstoß am Waldrand vorbeizugehen.
Es wäre nun der größte Fehler, es mit der Peitsche weiterzutreiben. Dank seines guten Gedächtnisses würde das Pferd sein Leben lang jeden Holzstoß mit Schmerzen in Verbindung bringen, Angst haben und ihn scheuen.
Es ist besser, deinem Freund dieses uneinschätzbare Gebilde mit beruhigender Stimme zu zeigen. Gib ihm einen Leckerbissen bei dieser Gelegenheit, dann bringt es diesen und jeden anderen Holzstoß mit guten Erinnerungen in Verbindung. Eine Belohnung in Form von Brot, Zucker, Möhren oder im Handel erhältlichen Pferdeleckereien sollte im Umgang mit diesen Tieren immer greifbar sein. Du wirst damit weit erfolgreicher sein als mit jeder Peitsche.

Pferde verhalten sich anders als die Einzelgänger in der Natur – sozial

Pferde sind Herdentiere

Herdentiere verhalten sich anders als die Einzelgänger in der Natur. Das Pferd ist ein Herdentier.
Sich über dieses Herdenverhalten klar zu werden und die Konsequenz daraus zu ziehen, ist nicht nur eine wesentliche Hilfe, sondern eigentlich die Voraussetzung zur Ausbildung eines Pferdes.
In jeder Herde, jedem Rudel gibt es eine genau festgelegte Rangordnung – von der Natur so gewollt. Denn nur das physisch und psychisch stärkste Tier soll sich fortpflanzen. Das mutigste Pferd in der Herde, das seine Kraft fast ausschließlich durch Drohgebärden zum Ausdruck bringt, wird als Führer anerkannt. So wird auch dein Pferd versuchen, dich in die Rangfolge einzuordnen. Da du geistig dem Pferd weit mehr überlegen bist als das Tier dir physisch, sollte es dir nicht schwerfallen, in der Rangordnung über dem Tier zu stehen. So wie auch in der Herde das psychisch stärkste Tier als Führer anerkannt wird, ist dein Pferd bereit, sich deiner Geradlinigkeit und deinem Willen bedingungslos unterzuordnen.
Es ist beinahe unvorstellbar wie sich der Wille des Reiters auf das Tier überträgt.
So sagte einst Freiherr von Langen, einer der größten Reiter aller Zeiten:
„Ein Gebilde aus lebendem Stahl scheint dich zu tragen. Läßt du dich aber zur Erde ziehen im Geiste und im Wol-

len, so kriecht ein müder Wurm unter dir im Staube. Dein Pferd weiß um dich."

Dein Pferd fühlt wirklich, ob eine Lektion nur halbherzig verlangt wird oder ob dein voller Wille hinter der Parade steht, die du ihm gibst. Es weiß, ob du vor dem Auto, das hinter dir kommt, Angst hast – und spürt diese Angst auch selbst. Und es gehorcht, wenn du energisch weiterreiten willst, obwohl deinem Freund einige Kleeblätter am Wegesrand verlockender erscheinen.

Übermittle klare Anweisungen und stehe hinter ihnen. Allerdings sind bei der Ausbildung kleine Schritte bei der Aufgabenstellung wichtig. Vor einer Lektion muß ich mir immer die Frage stellen, ob das Pferd, das etwas lernen soll, auch in der Lage ist, den Anforderungen gerecht zu werden. Sei dir immer im klaren darüber, daß du dein Pferd nicht überfordern darfst. Aber dann darfst du auch eine klare Durchführung deiner Order fordern.

Hat das Pferd erst gelernt, sich auch nur einmal gegen deinen Willen zu behaupten, wird es dies immer wieder versuchen. Oft werden Pferde zum Ungehorsam erzogen, weil sich mancher Reiter bei zu hohen Anforderungen nicht durchsetzen kann.

Ein wichtiger Punkt muß noch erwähnt werden: Das Pferd kann zwischen Spaß und Ernst nicht unterscheiden. Alles, was du tust, wird in ein herdengerechtes Rangordnungsverhalten eingestuft.

Lasse es nicht aus Spielerei am Ärmel knabbern, sonst mußt du dich nicht wundern, wenn es dich irgendwann in den Finger beißt.

Richtige Tierliebe ist, sein Pferd so artgerecht wie möglich zu halten, seinen natürlichen Veranlagungen gerecht zu werden und sie zur Freude und zum Erfolg von Mensch und Tier zu nützen.

Die schönste Sache der Welt: Freizeitreiten

Das Pferd hat über viele tausend Jahre hinweg eine eindrucksvolle Geschichte als Arbeitstier hinter sich. Dies ist nun vorbei, und in den letzten fünfzig Jahren entdeckte man seinen Freizeitwert.
Reiten, früher nur eine Beschäftigung der gehobenen Schichten, wurde mittlerweile zum Volkssport. Reit- und Springturniere gibt es an fast jedem Wochenende an vielen Orten, aber auch das Freizeitreiten abseits eines Parcours wird immer beliebter.
Freizeitreiten ohne Gewaltanwendung ist für mich die natürlichste Form, sich mit einem Pferd zu bewegen. Von einer höheren Warte, nämlich dem Rücken eines wie ich fühlenden, sensiblen Lebewesens aus, genießen die vom Alltagsstreß strapazierten Nerven wohltuende Erholung. Neben dem Wunsch, ein bessereres Verständnis zwischen Reiter und Pferd zu vermitteln, ist das zweite Ziel meines Buches, möglichst vielen Pferdefreunden für die schönste und einzige Sportart das Herz zu öffnen, bei der Mensch und Tier zu einer Einheit verschmelzen – das Freizeitreiten, wie ich es verstehe.
Ich will versuchen, möglichst viele von dem für beide Partner aufreibenden Turniersport abzuwerben und sie fühlen zu lassen, welches Glück den Menschen erfüllt, abends, nach den beiderseitigen Leistungen eines Wanderrittes, die Romantik eines Lagerfeuers zu erleben oder zufrieden die müden Beine am heimatlichen Herd auszustrecken.
Dabei muß ich euch von einigen meiner jährlichen Urlaubsritte erzählen, die sich mittlerweile von Deutschland bis hin in die Vereingten Staaten, auf den Spuren der Cowboys, ausgeweitet haben.
Angefangen hat diese Abenteuerreihe mit einem einwöchigen Ritt auf der Romantischen Straße, der auch vom ZDF unter dem Titel „Urlaub zu Pferd" verfilmt wurde. Ein Erlebnis dabei war der Besuch der alten Reichsstadt Rothenburg ob der Tauber, die nach monatelanger Belagerung durch das kaiserliche Heer von ihrem trinkfesten Bürgermeister Nusch errettet wurde. Das Stadtoberhaupt des schon fast ausgehungerten Ortes gewann 1631 gegen General Tilly die Wette, einen Krug, der dreizehn Schoppen Wein faßte, also 3,25 Liter, ohne abzusetzen auszutrinken. Unvergessen, auf dem Rücken von Spitzbub diese histori-

Freizeitreiten ohne jegliche Gewaltanwendung ist für mich die natürlichste – und schönste – Form, sich mit einem Pferd zu beschäftigen

sche Tat am Stadtplatz mitzuerleben, wenn sie Punkt 12 Uhr mittags oben am Glockenturm des Rathauses nachgespielt wird.
Nach zwei Abenden am Lagerfeuer, als ich fürs Fernsehen mit meiner kleinen Gitarre, die auf keinem meiner Wanderritte fehlen darf, das alte Pferdelied sang: „Schwarze Nacht und rabenschwarze Pferde" (daraus resultierte übrigens mein erster Schallplattenvertrag), stieß ich bei der „Kinderzeche", dem größten Fest der mit uralten Mauern umgebenen Stadt Dinkelsbühl, diesmal auf die Spuren des kriegerischen, scheinbar aber manchmal auch leicht zu besänftigenden Schwedenheeres. Hier verschonte 1632 der schwedische Feldherr Oberst Sperreuth die bereits ausgehungerte Stadt, nachdem er unter der Schar Kinder, die unter der Führung der „Kinderlore" voller Verzweiflung als Bittsteller bei ihm vorsprachen, das Ebenbild seines kleinen blondgelockten Sohnes erkannte.

Der „Gaisburger Marsch" verdankt seinen Namen einem Körperteil

Eine weitere lustige Geschichte aus dieser Zeit erzählt man sich über Gaisburg. Dieses kleine schwäbische Städtchen, wochenlang belagert, von der Umwelt abgeschlossen, war dem Verhungern nahe. Einem Aufruf des Bürgermeisters folgend brachten alle Bürger die Reste ihrer Lebensmittelvorräte zum Stadtplatz. Daraus wurde in großen Töpfen aus all den Resten – Kartoffeln, Gemüse, Fleisch und die typischen schwäbischen Spätzle – ein Eintopf gekocht. Es sollte die letzte Mahlzeit der Bürger sein. Den Hungertod oder die bedingungslose Kapitulation vor Augen, versuchte man eine letzte List. Eine Dame mit einem Hinterteil, das jedem Haflinger zur Ehre gereicht hätte, streckte dieses unbekleidet über die Stadtmauer dem König und dessen Soldaten entgegen. Damit wollte man demonstrieren, daß so wohlgenährte Bürger für lange Zeit nicht auszuhungern seien. Prompt zeigte sich auch die Wirkung. Die Schweden zogen ab. Zur Erinnerung wurde dieser Eintopf „Gaisburger Marsch" genannt. Nur Eingeweihte wissen, daß der Name dieses rettenden Körperteils, dem die Stadt ihre Rettung verdankte, sehr deutlich im Namen des Eintopfs lesbar ist.
Von Ort zu Ort ging es weiter mit Spitzbub, und wenn wir abends gemütlich mit vielen Bürgern zusammen im Gasthaus saßen, nachdem Spitzbub in einem Reitstall bestens versorgt war, wurden diese lustigen Schwänke aus alten Zeiten erzählt. Solche Geschichten und Geschichtchen abends an gemütlichen, ländlichen Wirtshaustischen erfährt man am ehesten, wenn man als Reiter hier rastet.

Wen kümmert es schon, wenn jemand selbst mit dem schönsten Auto vor einem Gasthof vorfährt und absteigt; aber das Klappern der Hufe auf der Dorfstraße lockt sie heraus, die alten, noch pferdeverliebten Bauern, die Veteranen, die mit ihren vierbeinigen Kameraden durch dick und dünn gingen, die Pferdefreunde und Reiter.
Jeden Abend waren die Wirtsstuben brechend voll, wenn ich mit meinem mit Packtaschen und Reiseutensilien beladenen Pferd in dem Dorfgasthof eines kleinen Ortes abstieg, denn nur solche suche ich auf, wenn sich die Sonne dem Horizont nähert. Nie gab es Probleme, ein Zimmer oder gar einen Platz für die Pferde zu bekommen. Man scheint als Reisender zu Pferd tatsächlich als anderer Mensch angesehen zu werden. Die Erinnerung an die sogenannte gute alte Zeit wird wach. Man lernt sie wieder kennen, die wunderschöne, doch leider fast vergessene Gastfreundschaft, die einmal so wichtig war, wo Menschen noch die Gemeinschaft und gegenseitige Hilfe brauchten und suchten. Eine Zeit, zu der das Gesetz noch nicht versuchte, jede einzelne Phase des Lebens zu regeln und man noch mit dem Rat und der Weisheit der Alten recht gut gefahren ist.
Wieviel konnte ich lernen aus dem Erfahrungsschatz dieser alten Pferdeleute. Wieviel Weisheit der Alten steckte oft in diesen hageren Bauern mit ihren von lebenslanger harter Arbeit zerschundenen Händen. Ich schätze sie alle, die letzten Zeugen des Arbeitstieres Pferd.

Einen Reiturlaub sollte man nie genau planen. Das nimmt ihm den Reiz

Einen Erfahrungsschatz möchte ich euch, die ihr hoffentlich schon ein bißchen vom Freizeit-Reiter-Virus angesteckt seid, mitgeben. Wenn ihr einen Reiturlaub startet, hütet euch davor, die Reisestationen und Übernachtungsplätze genau zu planen. Ihr nehmt damit eurem „Abenteuer Urlaub" jede Spontaneität und jeden Reiz. Bei nicht mehr als vier Personen genügt es, eine möglichst landschaftlich reizvolle und dünn besiedelte Gegend zu wählen. Wenn ihr freundlich fragt, werdet ihr immer in kleinen Orten, auf alleinstehenden Höfen oder an Mühlen einen Stall, eine Scheune oder eine Koppel für eure Pferde und ein Zimmer oder einen Schlafplatz im Heustadel für euch bekommen. Dort könnt ihr mit eurem Schlafsack in der Nähe eurer Freunde, oft bei geringstem finanziellen Aufwand, nächtigen.
Ein besonderes Erlebnis allerdings ist es, „wild" zu übernachten und am Waldrand oder einem Bachufer ein leichtes Bergsteigerzelt aufzuschlagen, das einfach hinter dem

Noch heute wird der „Schwedentrunk" des Rothenburger Bürgermeisters am Rathaus nachgespielt. Er rettete die Stadt vor dem Schwedenheer

Sattel angebracht werden kann. Es ist dank der modernen Technik ein leichtes, die Pferde unterzubringen. Ein Weidezaungerät, das nicht größer als eine Taschenlampe ist, liefert in Verbindung mit zerlegbaren dünnen Pfosten ausreichend Strom selbst für tausend Meter Weidezaun.
Da Freizeitreiter natürlich auch Naturfreunde sind, ist es müßig zu sagen, daß man keine Flurschäden verursachen sollte. Es gibt genügend begraste Waldwege, ungenutzte Bachufer und Baumwiesen, wo kein Schaden entstehen kann, wenn die Pferde grasen.
Das gilt natürlich auch für die Reitwege. Ich selbst hatte noch nie Probleme mit Landwirten, denn es versteht sich von selbst, daß ich keine Wiesen und bestellte Äcker beschädige und somit die Arbeit anderer Menschen zunichte mache.
Die Gangart den Gegebenheiten angepaßt, ein freundlicher Gruß oder eine bittende Frage und kleine Geschenke, die ich immer mitführe, sind die Voraussetzungen für einen erholsamen und störungsfreien Reiturlaub. Ihr werdet staunen, welcher Hilfsbereitschaft ihr auf euren Wegen überall begegnet.
Dann könnt ihr die Romantik eines Lagerfeuers und das

Knistern der Flammen genießen. Ihr werdet euch geborgen fühlen in der Wärme, wenn sich die dunkelrote Glut in den Augen zufrieden grasender Pferde widerspiegelt, wenn gemeinsame Lieder zur Gitarre oder Mundharmonika erklingen, wenn das Lieblingsgetränk der Cowboys, der nirgends so gut mundende Kaffee, aus dem Topf duftet. Und ein gegrilltes Stück Brot schmeckt besser als das teuerste Dinner im Nobelrestaurant. Lagerfeuer-Romantik!
In welchem Mädchen oder Jungen, welcher Frau oder welchem Mann, ob Wirtschaftsboß oder Angestellter, steckt nicht ein bißchen Sehnsucht nach diesem Gefühl der Freiheit und nach dieser Faszination des urwüchsigen Lebens.
Ich kann über viele weitere Reiterurlaube erzählen, von der alten Fuggerstadt Augsburg aus, vorbei an dem wunderschönen Ammersee, wo ich nicht nur den besten Schluck Bier meines Lebens in der Klosterbrauerei Andechs genoß, sondern auch meine unerfreulichste Erfahrung auf allen meinen vielen Reisen machen mußte.
So war man in dem staatlichen Gestüt Achselschwang auch nach langer Diskussion nicht bereit, mir auch nur ein Pfund Hafer zu verkaufen. Aus angeblich rechnungstechnischen Gründen! Dabei ist Hafer auf Urlaubsritten für ein

In Dinkelsbühl wurde ich vom Chef des berühmten Hotels „Eisenkrug" zum Frühstück eingeladen. Für Spitzbub gab es einen Bund Karotten

Immer wieder ein besonderes Erlebnis ist es, wenn ihr euer Lager „wild" an einem Bach aufschlagt. Kein Luxushotel ist so schön wie die Natur!

Dank der Technik ist es ein Leichtes, Pferde unterzubringen. Ein Weidezaungerät in Taschenlampenformat liefert Strom selbst für tausend Meter Zaun

Pferd so wichtig. Obwohl er wußte, daß ich bei den umliegenden Bauern dieses Kraftfutter nicht bekam, weil hier nur Mischkorn angepflanzt wird, ließ sich das steinerne Herz dieses Beamten nicht erweichen, das steinerne Herz eines Mannes, dem das Wohl der Pferde eine berufliche Pflicht sein sollte. Nebenbei erwähnt war und bin ich nicht nur Mitglied in der reiterlichen Vereinigung, sondern auch aktives Mitglied im bayerischen Zuchtverband.
Doch vergessen wir ganz schnell dieses unerfreuliche Erlebnis, zumal ich abends von einem kleinen Landwirt spontan zum Übernachten in sein Gästezimmer eingeladen wurde. Spitzbub erhielt einen herrlichen Platz im Stall. Am nächsten Morgen war ich nach einem reichlichen Reiterfrühstück chancenlos, auch nur den geringsten Geldbetrag an die nicht gerade mit Reichtümern gesegnete Familie loszuwerden. Nur die Kinder durften einige kleine Geschenke annehmen. Damals begann eine Freundschaft, die bis heute Bestand hat.
Am Forggensee vorbei, nach zwei romantischen Lagerfeuerplätzen in der freien Natur, sah ich nun endlich das Ziel meiner Reise. Schloß Neuschwanstein, das verwirklichte Traumgebilde des etwas entrückten Märchenkönigs, dessen Tod bis heute von Geheimnissen umwoben ist. Ich fühlte mich zurückversetzt in die Prachtzeit der Königshäuser, als wir den steilen Weg zum Schloß hinaufritten. Keine Burg und kein Schloß liegt so verspielt und dennoch majestätisch wie Neuschwanstein in den herrlichen Bergen des Allgäus.
Von hier aus ist es nur ein kurzes Stück zu einem weiteren Meisterwerk königlicher Baukunst – zum Schloß Hohenschwangau. Durch Besucherströme aus aller Welt bahnten wir uns den Weg zu den angrenzenden Wäldern, aus denen wir einen letzten Blick auf die prunkvollen Zeugen der Monarchie warfen.
Man glaubt nicht, wie wenig man von seiner Heimat kennt, wenn man sich nicht wenigstens ein paar Kilometer von den Hauptstraßen entfernt. Man ist, nach einem beruhigenden Ritt, gefangen von der wohltuenden Einsamkeit im Schatten eines Baumes am kristallklaren See.
Man bemerkt sie wieder, die im modernen Alltagsleben längst vergessenen Dinge. Das leuchtende Rot der Mohnblumen in reifen Weizenfeldern, das fröhliche Gezwitscher der heimatlichen Singvögel am Waldesrand, den feierlichen Frieden eines Bildstockes am Wegesrain.
Regen diese Bilder oder eine purpurn untergehende Sonne,

Romantik am Lagerfeuer: Die Flammen knistern, zur Gitarre erklingen Lieder, und die Pferde grasen zufrieden. Kann es etwas Schöneres geben?

in der Gemeinschaft eines so feinfühligen und sensiblen Lebewesens, wie es ein Reitpferd ist, nicht ein bißchen zum Philosophieren an?
Ist es nicht wichtig und erbaulich, sich ab und zu Gedanken zu machen über das herrliche Geschenk Leben?
Das „Wunder Leben", wie es der bekannte und eingangs bereits erwähnte Dichter Helmut Zöpfl in dem Text eines meiner Lieder nennt. In seinen vielen Büchern kämpft Helmut Zöpfl um ein bewußteres Leben, das wir Menschen führen sollen.
Ist es nicht das Bewußtsein des Lebens, das den Menschen vom Tier unterscheidet? Das Tier fühlt zwar genauso wie der Mensch. Doch nur wir wissen, daß das Leben vergänglich ist.
So schreibt der alte griechische Philosoph Epikur in seinen Gedanken über den Tod:
„Das Wissen, daß das Leben vergänglich ist, macht das Leben erst kostbar."
Jede vergangene Minute ist unwiederbringlich vorüber.
Und wie werden diese so kostbaren Minuten, Stunden, ja oft Tage, in unserer heutigen Welt vergeudet!
So hat mich auch kaum eine Theorie über die Wichtigkeit

Ziel eines meiner Reiturlaube war Schloß Neuschwanstein, das Traumgebilde des etwas entrückten bayerischen Märchenkönigs Ludwig II.

Stundenlang ritten wir durch die tiefen Wälder des Allgäuer Voralpenlandes. Im Hintergrund erhebt sich majestätisch Schloß Hohenschwangau

Wenn ihr mit eurem Pferd allein seid, werdet ihr schnell fühlen, wie sensibel ein Pferd ist. Es schenkt dir seine Zuneigung, wenn du es gut behandelst

des Menschen so berührt und nachdenklich gemacht wie eine Aussage von alten Indianerhäuptlingen, wenn sie über die vier Schöpfungskreise sprechen.
Der erste Schöpfungskreis war die Erde. Die Pflanzenwelt bildete als zweiter Schöpfungskreis die Voraussetzung für den dritten Schöpfungskreis, die Tierwelt.
Diese drei Kreise bildeten nun die Grundlage für die Entstehung des Menschen, des vierten und vorläufig letzten Schöpfungskreises.
Schon die einfachen indianischen Reiter und Jäger waren sich in ihrer jahrtausendealten Kultur darüber im klaren, daß ohne den ersten und wichtigsten Schöpfungskreis keinerlei Leben existieren kann.
Sie brachten ihre Achtung vor der Basis des Lebens zum Ausdruck, indem sie voller Respekt und Liebe von Mutter Erde sprachen und diese auch entsprechend verehrten.
Sie wußten, daß die ersten drei Kreise sehr wohl ohne den vierten Schöpfungskreis, den Menschen, existieren können.
Wir jedoch, die wir uns in unserer grenzenlosen Überheblichkeit als Krönung der Schöpfung empfinden, vergessen, daß der Mensch ohne nur einen der drei ersten Schöpfungskreise überhaupt nicht existieren könnte.
Wäre es nicht wichtig, mehr auf die mahnenden Worte der alten Medizinmänner über den Raubbau an Mutter Erde zu hören, anstatt tatenlos zuzusehen, wie die Lebensvoraussetzungen aller Lebewesen langsam durch unsere Wegwerfmentalität zerstört werden?
So schließt sich wieder der Kreis zum Freizeitreiten. Allein diese Sportart bietet nicht nur körperliche Ertüchtigung, sondern in der Einheit der gesamten Schöpfung Natur, Mensch und Tier Stunden wertvoller Andacht über den Sinn des Lebens.
Immer, wenn ich Wanderritte mache, kommen mir diese Gedanken. Könnt ihr euch vorstellen, daß einem so etwas durch den Kopf geht, wenn man mit Tempo 160 über die Autobahn rast? Und lernt man etwas von seiner Heimat kennen, wenn man sich nur auf dem vierspurigen Asphaltband durch sein Land bewegt?
Ich ritt mit gleichgesinnten Freunden durch das tiefe Grün des einsamen bayerischen Waldes, verliebte mich in die karge Landschaft der Schwäbischen Alb und durchstreifte bei vielen netten Erlebnissen und Bekanntschaften das Härtsfeld, beginnend an dem mächtigen Schloß Harburg bis zu der verspielten Meisterleistung des barocken Baumeisters Balthasar Neumann, der Klosterkirche Neresheim.

Cowboy-Romantik gibt es nicht nur in Amerika: Ich habe mich in die karge Schwäbische Alb verliebt, wo dieses Bild entstanden ist

Wie schön Deutschland ist, erfährst du am besten auf dem Rücken eines Pferdes. Hier bin ich vor Schloß Harburg in der Nähe von Nördlingen

Es ist schon ein seltenes Bild, wenn ein Pferd an einer Parkuhr wartet

Meinen eindruckvollsten Reiterurlaub in Deutschland erlebte ich jedoch in der Lüneburger Heide, wo das aus vielen bunten Mosaiksteinchen zusammengefügte Bild meines Lebens durch besondere Eindrücke und Erlebnisse ganz besondere Ergänzungen erfuhr.
Hier erwartet den Reiter nicht nur eine Landschaft, die durch die vielen Sandwege zum Reiten prädestiniert ist. Hier wird das erhabene Gefühl der Freiheit durch wildromantische Landschaftsformen geweckt. Über diesen Urlaubsritt möchte ich ein wenig berichten.
Celle, die Hauptstadt der Südheide, empfängt dich mit ihren schwarz-weißen und bunten Fachwerkhäusern aus dem 16. und 17. Jahrhundert. Sie bestimmen noch heute das Bild des Stadtkerns – ein eigenartiges Farben- und Formenspiel alter Fassaden mit ihren geschnitzten Friesen und Spruchbändern, geschrieben im historischen norddeutschen Dialekt.
Wen stört es, daß die alten Fachwerkhäuser sich schon etwas müde aneinanderlehnen, weil die Jahrhunderte die zweistöckigen, vorragenden Spitzgiebel ein wenig ineinandersinken und schief werden ließen.
Ich ritt vorbei an kleinen Schaufenstern, machte noch einige Besorgungen und ließ mich durch den Nieselregen nicht stören. Vielmehr erfreute ich mich an den verwunderten Blicken der Passanten, denn es ist schon ein seltenes Bild, ein Pferd an einer für moderne Benzinkutschen bestimmten Parkuhr angebunden zu sehen.
Nachdem sich beim Weiterreiten die Gasse erstaunter Menschen geöffnet hat, stehe ich vor dem Glanzstück von Celle, dem Schloß. Groß, mächtig und dennoch verspielt liegt es da, umgeben von weiten Flächen gepflegten Rasens, und zeigt die Verwirklichung herzöglicher Träume von italienischer, insbesondere venezianischer Architektur. Die ursprünglich von „Otto dem Strengen" 1292 erbaute Burg wurde 1670 durch drei neue Flügel in italienischer Spätrenaissance zum Celler Schloß umgebaut.
Viel könnte ich noch erzählen von meiner ersten Station. Angefangen von dem berühmten kunterbunten Bilderbuchhaus, dem Rathaus, dem Barock und Klassizismus der ursprünglich gotischen Stadtkirche, von malerischen und romantischen Plätzen an der Aller, die mitten durch die Stadt fließt. Doch schon bald bin ich auf meinem weiteren Weg vom Naturpark der Südheide gefangen. Langsam verändert sich das saftige Grün der Wiesen und wird immer häufiger von hohen Laubbaumgruppen unterbrochen, aus

denen weiße Birkenstämme herausleuchten. Immer dichter schließt sich das vielfältige Grün des Laubes zu dem für die Südheide charakteristischen Mischwald zusammen. Hier beginnen unendliche Sandwege, die für die Reiterei so ideal sind.
Eigenartig muten mich die dicken Strohmatten an, mit denen die Dächer der Heidehöfe kunstvoll gedeckt sind. Nur wenige Menschen kennen heute noch diese Technik und haben die Fertigkeit, die Halme so zu stecken, daß sie trotz Sturm, Regen und Schnee unbeschadet lange Zeiträume überstehen.
Dann stehe ich mit Spitzbub ehrfürchtig vor den alten Mühlrädern der mittelalterlichen Scharnebecksmühle. Wie viele Zentner Korn werden wohl die von Wasserkraft angetriebenen riesigen Mühlsteine in dieser langen Zeit in weißes Mehl verwandelt haben?
Einige Kilometer östlich stoße ich auf den Niedersachsenweg, der vor langer Zeit den Namen „Die alte Heeresstraße" trug. Von Celle führt dieser sandige Wanderpfad bis nach Soltau und lädt zu einem munteren Galopp ein. Die Bäume jagen vorbei, und ich drücke mich tief auf den Hals meines Pferdes, um den vereinzelt herunterhängenden Zweigen auszuweichen. Ich spüre die Energie von Spitzbub – es ist erhebend, völlig losgelöst und fast schwerelos, den Wolken gleich, mit dem Pferd eins zu werden, sich berauschen zu lassen von dem ungestümen Drang in die Weite und aufzugehen in der Allmächtigkeit der Natur.

Auf sandigem Weg galoppiere ich mit Spitzbub durch die Lüneburger Heide

Und jetzt vermag ich die Worte zu verstehen, mit denen Mohammed seinem Volk die Entstehung des Pferdes gepriesen hat:
„Als der Erschaffende das Pferd erschaffen wollte, sprach er zum Winde: Aus dir will ich ein Wesen gebären, das geeignet ist, meine Verehrer zu tragen. Dieses Wesen soll geliebt sein von allen meinen Sklaven, es soll aber gefürchtet sein von allen, die wider meine Gebote handeln. Und er schuf das Pferd und rief ihm zu: Dich hab ich erschaffen ohnegleichen. Alle Schätze der Erde ruhen zwischen deinen Augen. Meine Freunde sollst du tragen auf deinem Rücken. Dort soll der Sitz sein, von dem Gebete zu mir aufsteigen. Auf der ganzen Erde sollst du glücklich sein und vorgezogen allen Geschöpfen dieser Erde. Denn dir gehört die Liebe des Herrn der Schöpfung. Du sollst fliegen ohne Flügel und siegen ohne Schwert."
Wenn du so durch die Heide galoppierst, verstehst du, was Mohammed gemeint hat.

Findlinge, riesige Steinbrocken, liegen verstreut in der Lüneburger Heide, als hätten urzeitliche Riesen ihr Murmelspiel nicht beendet

Langsam lichtet sich der Wald. Es geht in weichem Sand stetig leicht bergan, und hier sehe ich die ersten Findlinge, riesige abgerundete Steine, die wie verloren in der Landschaft verstreut herumliegen, als hätten urzeitliche Riesen ihr Murmelspiel nicht beendet.
Schon wird der goldbraune Sand spärlicher, das zarte Grün des dünnen Graswuchses unterbrochen durch das tiefe Lila des Heidekrautes. Seine Farbe ist ebenso unergründlich wie die endlos erscheinende Weite der Heide – und nur das Leuchten der Feuerblume vermag in etwa Ähnliches auszudrücken.
Jeder Wolkenschatten verändert das Bild, jede Nebelschwade bringt neue Farbnuancen zum Vorschein. Dunkelgrüne Wacholderbäume, von der Natur zu den eigentümlichsten Gestalten geformt, lösen nun immer mehr die Nadelbäume ab. Stolz, als wäre es für alle Zeiten gebaut, erhebt sich auf der Spitze einer Anhöhe das Denkmal des wohl bedeutendsten Dichters und Verehrers der Heide, Hermann Löns. Ihm verdanken wir die Popularität des früher als öde verachteten Stückchens Erde. Seine Gedichte und Schilderungen rütteln den Leser wach, daß er hier mehr finden kann als nur Stille und Erholung. Wenn es

Abend wird und die Nacht die Verspieltheit der Natur zudeckt, läßt die Fantasie in dieser Öde gruselige Schattengestalten über den Boden huschen.
In dieser ungezügelten Landschaft treiben Wolkenfetzen am unendlich hohen Firmament, und der an den kahlen Findlingen vorbeipfeifende, in den Wacholderbäumen singende Wind ruft dem einsamen Heidewanderer zu: „Besinne dich!"
Begeisterung für dieses Land überkommt mich.
In Bispingen im Reitergasthof von „Onkel Willi", wie er von allen Pferdefreunden genannt wird, mache ich Rast. Spitzbub findet einen geräumigen Platz im Stall. In hellen Boxen stehen fünf Pferde, neugierig schnaubend strecken sie ihre schlanken Hälse dem Neuankömmling entgegen. Eine feurige Rappstute mit zarten Fesseln und feingeschnittenem Kopf, dem man die ostpreußische Abstammung unschwer ansehen kann, erregt sofort meine Aufmerksamkeit. Die noch etwas feuchte Sattellage zeigt mir, daß außer mir offenbar noch ein weiterer Wandersmann zu Pferde angekommen ist.
Er fällt mir sofort auf, als ich die Gaststube betrete. Selten habe ich so klar geschnittene Gesichtszüge gesehen, die

Bald bin ich von dem Naturpark der Heide gefangen. Eigenartig muten mich die mit Strohmatten gedeckten Dächer der Heidehöfe an

den schmalen Kopf auf dem schlanken, fast zierlich wirkenden Körper beinahe aztekenhaft wirken lassen. Die stramme militärische Haltung, selbst am gemütlichen Wirtshaustisch, läßt leicht erraten, wo dieser ältere Mann seine Reiterfahrungen gesammelt hat. Grotesk erscheint die Kleidung, die er trägt. Bei seiner alten Reithose ist die Grundfarbe auch mit viel Fantasie nicht mehr zu enträtseln. Auch der ausgeweitete Pullover läßt nicht darauf schließen, daß hier ein außergewöhnlicher Mensch vor mir sitzt. Daß dem aber so ist, werde ich gleich erfahren.
Der „Ratzeputz", das typische Feuerwasser der Lüneburger Heide, das imstande ist, selbst Tote wieder aufzuwecken, bringt uns beide zusammen.
Wir kommen uns schnell näher, und dankbar nehme ich seine Einladung zu einem Besuch in seiner Bauernkate an.
Zwei Stunden reiten wir nun schon durch einsames, dichtes Waldgebiet, und ich mache mir Gedanken über den neben mir reitenden Mann, der mit militärischer Exaktheit im Sattel sitzt. Plötzlich stehen wir vor einer strohbedeckten kleinen Bauernkate, die inmitten einer weiten Waldlichtung liegt. Ich bin erstaunt, denn einen so geräumigen und sauberen Stall auf der Rückseite des eher ärmlich wirkenden Hauses hätte ich in dieser Einsamkeit nicht erwartet. In großen Boxen stehen weitere zwei Trakehnerpferde, und ich spüre sofort, daß Peter, wie mein Gastgeber heißt, seit seiner Jugend in Ostpreußen mit dieser Pferderasse verbunden ist. So modern und großzügig der Stall eingerichtet ist, so einfach ist dagegen seine Wohnstube. Doch trotz aller Kargheit strahlt sie eine gemütliche Atmosphäre aus.
Was muß diesen Mann bewegen, seit mehr als drei Jahrzehnten in dieser einsamen Gegend ein Eremitendasein zu fristen? Ein Leben zu führen nur für seine Freunde, die Pferde, wie er immer wieder betont. Ein einfaches Abendessen und ein Glas Wein lösen schon bald seine Zunge.
„Peter", frage ich ihn, „warum lebst du so?"
„Das ist eine besondere Geschichte. Aber dir erzähle ich sie gern, weil du ein Pferdenarr bist. Denn nur so einer kann mich verstehen."
Er lehnt sich in seinem Stuhl zurück und zündet eine Petroleumlampe an, denn elektrisches Licht gibt es in dieser Einsamkeit nicht, stopft sich seine Pfeife und beginnt dann zu berichten:
„Es war im Zweiten Weltkrieg, Rußland 1944, mitten im Winter. Ich war Meldereiter, weil ich schon als kleiner Junge ritt wie der Teufel und ich, wie mein Kompaniechef sag-

Stolz erhebt sich das Denkmal des Heide-Dichters Hermann Löns. Er hat erstmals den Blick der Menschen auf die Schönheit der Heide gelenkt

te, von keiner feindlichen Kugel getroffen werden konnte, weil ich so klein und dürr sei. Simone hieß mein Pferd, ich hatte es selbst aufgezogen, und vom ersten bis zum letzten Tag waren wir beide unzertrennliche Freunde. Simone war eine richtig harte, ausdauernde Trakehnerstute.
Eines Nachts mußte ich zu einer vorgeschobenen Stellung, zu Kameraden, die sich einige Kilometer weiter im Osten verschanzt hatten. Im wilden Galopp legten wir los, ständig das Pfeifen einer Kugel erwartend, denn man wußte in diesem Abschnitt nie genau, ob der Feind nicht irgendwo in die Abwehrlinie eingebrochen war. Doch alles blieb still, verdächtig still. Erleichtert atmete ich auf, als ich die schützenden Schatten der ersten Bäume erreicht hatte. Nach Übergabe der Botschaft machte ich mich auf den Weg, um wieder zu meiner Kompanie zurückzukehren. Ich unterhielt mich leise mit Simone, wir machten uns gegenseitig Mut, denn wir hatten Angst.
Als wir kaum zehn Minuten unseres Rückweges hinter uns gebracht hatten, blieb Simone plötzlich mit gespitzten Ohren stehen. Tief drückten wir uns zwischen das Dunkel der Bäume und verschmolzen so unkenntlich mit dem Wald. Plötzlich sah ich sie. Zuerst einen, dann zwei, fünf, zehn, dann wohl über hundert Gestalten in weißen Schneeanzügen, die sich an die vorgeschobene Stellung, wo nichtsahnend meine Kameraden lagen, heranpirschten. Sie kamen von Norden direkt in die Flanke, weit in der Überzahl, und hatten auch noch das Überraschungsmoment für sich.
Was sollte ich tun? Ungehindert hätte ich westwärts meine Kompanie in gesicherter Stellung erreichen können. Aber

Pferde als Lebensretter: Die treue Simone opfert sich für ihren Reiter

die Freunde? Es war für mich selbstverständlich, Simone zu wenden. Noch tiefer zog ich mich in die Schatten der Bäume zurück und versuchte, so schnell wie möglich die ahnungslosen Kameraden zu warnen. Jeden Moment konnte die Hölle losbrechen. Wie durch ein Wunder erreichte ich die Truppe, und der Zugführer ordnete bei der überwältigenden Übermacht sofort den Rückzug an.
Plötzlich war der Teufel los. In das Krachen der Schüsse und das Bersten der Granaten mischten sich die Schreie der Verwundeten. Wir versuchten uns nach Westen durchzuschlagen, und ich gab Simone die Zügel frei. Wie der Wind flog diese herrliche Stute dahin und brachte mich immer weiter aus der Gefahrenzone heraus. Schon wollte ich aufatmen, da verspürte ich einen ungeheuren Schlag in meinem linken Bein, der mich aus dem Sattel riß. Simone war in Sekundenschnelle nicht mehr zu sehen. Mit einem Durchschuß im Bein lag ich blutend im Schnee und versuchte, mich mühsam weiterzuschleppen.
Meine Kameraden, die ich gewarnt hatte, rannten an mir vorüber und sahen mich nicht. Der Kampflärm kam immer näher. Ich versuchte, mich weiter zu schleppen, brach jedoch immer wieder zusammen.
Ein großer Schatten war plötzlich vor mir. „Simone", schrie ich in letzter Verzweiflung. Schnaubend kam die treue Stute auf mich zu. Mit übermenschlicher Anstrengung gelang es mir, sogar noch in den Sattel zu kommen, und so stürmte ich mit ihr, verzweifelt in ihre Mähne verkrallt, der rettenden Kompanie entgegen.
In der aufziehenden Morgendämmerung sah ich schon erleichtert unsere Stellung am Horizont auftauchen, als plötzlich Simone mit dem Vorderfuß abknickte, so daß wir beide in den Schnee stürzten, der sich an Simones rechtem Fesselgelenk häßlich rot färbte. Vergeblich versuchte sie, sich aufzurichten, und ich erkannte, daß es für sie keine Rettung mehr gab. Ihr Bein war zerschossen. Halb betäubt vor seelischem und körperlichem Schmerz warf ich mich über meinen treuen Lebensretter. Die schmerzvollen und um Hilfe bittenden Augen werde ich selbst mit hundert Jahren nicht mehr vergessen können. Ich zog die Pistole..."
Peter schweigt, und ich bemerke, wie er krampfhaft schluckt. Er steht auf und sagt: „Ich muß noch einmal zu meinen Freunden rausschauen!" Und schon ist er aus dem Zimmer verschwunden.
Nun konnte ich ihn verstehen, den Mann, der so gut zu dieser Landschaft paßt, auch wenn er in Ostpreußen aufge-

wachsen war. Wie oft sah ich sein Bild vor mir auf meinem weiteren Ritt durch die Lüneburger Heide.
Ich wurde gefangen von der geradezu sakralen Atmosphäre des von einem flachen Plateau steil abfallenden Kessels, dem Totengrund, wo die Hufschläge dumpf aufgesaugt wurden von den dunklen Wacholderbäumen. Man versteht in dieser weiträumigen Gruft, daß früher durch dieses Tal die Toten von Wilsede nach Bispingen getragen wurden, was dieser Vertiefung den Namen gab: Totengrund. Hier wird der Mensch durch die eigenartig gewachsene Natur an seine Vergänglichkeit erinnert. Das leichte Frösteln das mich ergriff, rührte nicht nur von dem frischen Wind her, der hier weht. Ich konnte Peter nicht vergessen.
Auf der Anhöhe des Wilseder Berges, der höchsten Stelle der Heide, blickte ich über das tief lilafarbene Meer des Heidekrautes, das von den stürmischen Windböen in Bewegung gehalten wird. Ich sah den Schäfer mit seinen Heidschnucken, die verhindern, daß diese Farbenpracht untergeht...
Ein Ritt durch die Heide sollte eigentlich ein Muß für jeden Reiter sein!

Reiterurlaub in Amerika

Ein Traum ging für mich in Erfüllung. Nicht nur für den Reiter, sondern auch für den Westernsänger, der schon so viele Lieder über dieses Land, das freie Leben und die Abenteuer der Cowboys geschrieben hatte.
Nun saß ich im Flugzeug, um das Traumland des Freizeitreitens kennenzulernen, den Westen Amerikas.
Allerdings tat ich dies als erdverbundener Pferdemann mit sehr gemischten Gefühlen. Ich kann zwar rennen, reiten und schwimmen, doch das Fliegen...
So muß ich zu meiner Schande, sonst ein recht mutiger Cowboy, der sich weder vor Pferden, Stieren, Hunden und schon gar nicht vor Menschen fürchtet, gestehen, daß mir, selbst nach vielen, vielen Flugstunden, die Angst im Nacken ein sehr unangenehmer Flugbegleiter ist. Du bist diesen tonnenschweren Donnervögeln einfach hilflos ausgeliefert. Diese Angst raubt mir nicht nur den Schlaf, sondern auch jeglichen Appetit auf die angeblich so gute Flugverpflegung.
Um alle utopischen Vorstellungen auszuräumen und all denjenigen nicht gleich den Mut und die Freude zu nehmen, die Lust auf einen derartigen Abenteuerurlaub ver-

Dieser Ritt in Mexiko wird mir immer unvergessen bleiben: Auf kleinen, zähen Indianerponys ging es durch die Lavawüste zum Vulkan Paracutin

spüren, darf ich versichern, daß ein Reiterurlaub in Amerika viel preiswerter ist, als man gemeinhin annimmt.
Bei gesundem Unternehmungsgeist und Mut zur Eigeninitiative kann sich fast jeder das einmalige Erlebnis leisten, durch die endlose Prärie, den roten Sand zwischen den Fingerbergen des Monument-Valley oder durch die wilden, baumhohen Kakteenfelder Arizonas zu reiten.
Natürlich ist es für den Normalsterblichen kaum erschwinglich, ein Reisebüro in Deutschland zu beauftragen, um einen vierwöchigen Reittrip zu organisieren. Doch wer wie ich die Spontaneität und den Reiz des Ungewissen liebt, wird feststellen, daß mit Hilfe von schnell gewonnenen Freunden im gastfreundlichen amerikanischen Westen die Voraussetzungen für einen preiswerten Urlaubsritt bald geschaffen sind.
Wenn man für Reiterferien die in den Südstaaten günstige Winterzeit oder das Frühjahr oder den Herbst im Mittelwesten ausnützt, genügt eine einfache und preiswert zu erwerbende Ausrüstung. Dabei rate ich vom Leihen oder Kauf eines alten gebrauchten Sattels ab. Er ist oft zerschlissen und durch Sattelbaum-Bruch unbrauchbar. Das löst nicht nur beim Reiter Sitzbeschwerden aus, sondern bereitet

auch dem Pferd Rückenbeschwerden. Und schon ist das Abenteuer ausgeträumt. Einen neuen, strapazierfähigen Sattel kriegt man schon ab 400 Dollar. Auch zu Hause kann so ein guter amerikanischer Sattel beim Freizeitreiten wertvolle Dienste leisten.

Versucht erst gar nicht, ein Pferd zu mieten. Zu viele Ängste, Vorschriften, Bedenken und allzu hohe Kosten kämen auf euch zu. Ab 500 Dollar kann man bei vielen kleinen Ranches oder Pferdehändlern bereits ein Pferd erstehen. Sie sind auch gern bereit, das Pferd für die Hälfte des Kaufpreises wieder zurückzukaufen. Ein eigenes Pferd auf Zeit kostet so viel, wie in Dude-Ranches von Touristen oft für wenige Tage als Miete verlangt wird.

Übrigens: Die Schönheit eines Pferdes für einen Abenteuerurlaub durch den „Wilden Westen" ist wirklich nicht ausschlaggebend.

Einer meiner treuesten und verläßlichsten Kameraden war „Fellow", ein nicht allzu großes, struppiges und mit einem kantigen Kopf ausgestattetes Cow-Pony. Seine fehlende Eleganz machte es mit äußerst gutmütigen Augen wett. „Fellow" schenkte mir nicht nur viele glückliche Stunden, sondern brachte mir auch noch 200 Dollar Gewinn, da ich

Auf eines könnt ihr im „Wilden Westen" der USA auf jeder Ranch zählen – auf eine nirgends in dieser Welt wiederzufindende Gastfreundschaft

ihn an einen guten Platz an den Old Man einer Ranch verkaufen konnte.
Im amerikanischen Westen findet man oft im Umkreis von fünfzig bis hundert Kilometern keinen einzigen Menschen. Es ist unbedingt erforderlich, die Reiseroute genau festzulegen, damit die Versorgung des Pferdes sichergestellt ist. Und je weiter man nach Süden kommt, ist die Landschaft unwirtlich und besteht fast nur noch aus Kakteenfeldern. Landkarten, Kompaß, Schlafsack, Cowboystiefel und eine für viele Fälle nützliche Plastikplane sind genauso wichtig wie genügend Essens- und Futtervorräte, vor allem aber Wasser.

Das eindrucksvollste Weihnachtsfest meines Lebens feierte ich in Nevada

Auf eines allerdings könnt ihr im Westen auf jeder Ranch, in jedem alleinstehenden Haus oder Mobil-Home zählen – auf eine nirgends in dieser Welt wiederzufindende Gastfreundschaft. So verbrachte ich das wohl eindrucksvollste Weihnachtsfest meines Lebens in der Mojave-Wüste im sengend heißen Nevada.
Am Heiligen Abend stießen wir, meine Reisebegleiterin und ich, mitten in dieser Sandwüste auf eine „grüne Insel", in der ein alter Mann eine Holzhütte bewohnte.
Voller Schmerz – er hatte bei einem schrecklichen Verkehrsunfall seine Frau und seine Kinder verloren – hatte er sich in die Einsamkeit dieser Oase zurückgezogen, weit entfernt von jeder Zivilisation.
Erfreut lud er uns ein, das Fest des Friedens in seiner armseligen Hütte mit ihm zu feiern. Noch nie in meinem Leben wirkte ein Christbaum so auf mich wie dieser für Amerika so typische buntbehangene, häßliche Plastikbaum. Nach dem Austausch einiger kleiner Geschenke, die meine Begleiterin und ich eigentlich gegenseitig für uns gedacht hatten, sangen wir das wunderschöne Weihnachtslied „White Chrismas". Der vom Schicksal so geplagte einsame Mann bekam vor Rührung und Schmerz Tränen in die Augen. Niemand störte sich daran, daß das Lied von der „Weißen Weihnacht" in diesem heißen Wüstenklima eigentlich völlig deplaziert ist.
Das Geschenk dieses armen Mannes, ein selbstgeschliffener Onyx in Form eines Vogels, hat einen Ehrenplatz auf dem Kamin meiner heimatlichen Ranch erhalten. Er ist auf ewig ein Andenken an einen Menschen, der uns mit seinem Glück, dieses Weihnachtsfest nicht einsam feiern zu müssen, mehr beschenkte als mit irgendeinem materiellen Wert. Ein Andenken auch an einen Mann, der seiner verstorbenen Familie inzwischen nachgefolgt ist.

Auf den Spuren der Cowboys kommt man natürlich nicht an Tombstone vorbei, der wohl einzigen noch original erhaltenen Westernstadt. Die einstige Silberminen-Stadt wurde durch den größten Gunfight in der Pionierzeit Amerikas bekannt.

Am O.K.-Corral kam es zum Gunfight: Wyatt Earp gegen die Banditen

Am O.K.-Corral, dem ehemaligen Mietstall in Tombstone, standen sie sich auf zehn Meter Entfernung gegenüber. Auf der einen Seite die vier schwarzgekleideten Männer des Gesetzes, City Marshal Virgil Earp und seine zwei Brüder Morgan und Wyatt Earp, der legendäre Gunfighter. Wie so oft wurde er von seinem an TBC erkrankten Freund Doc Holiday, einem Zahnarzt und Spieler, begleitet.
Gegenüber standen sechs Männer der Clanton Ranch, die ihr Geld durch Viehdiebstahl verdienten, Cowboys, die sich den Gesetzen der Stadt und dem Earp-Clan widersetzen wollten.
„In einem einzigen Augenblick drei Mann in die Ewigkeit befördert!" verkündete damals die Schlagzeile des Tombstone Epitaph. Der Augenblick dauerte, genaugenommen, etwas mehr als eine halbe Minute. Doch das tödliche Stakkato der Revolverschüsse hallt weiter bis in die heutige Zeit. So kommen auch jetzt noch viele Besucher in diese historische Stadt, um diesen „Shoot Out", der sonntags auf der Straße nachgespielt wird, mitzuerleben. Dabei helfen sie mit, daß die Legende der Cowboys und diese geschichtliche Stätte in der wüsten, für den Wilden Westen so typischen und tief beeindruckenden Gegend am Leben bleibt.
Wie heißt so treffend der Slogan dieses einmaligen Ortes: Tombstone, the town too tough to die – Tombstone, die Stadt, die zu rauh ist, um zu sterben.
Natürlich zog auch mich diese einsame Stadt mit dem Boot Hill, dem Stiefelhügel, in den Bann. Dort liegen sie, die Opfer des Revolverkampfes, wo die Cowboy-Boots, die Stiefel also, nach unten zeigen. Die Namen der Getöteten geben noch heute Zeugnis, daß letzendlich Recht und Gesetz in dieser wilden, von Abenteurern beherrschten Epoche die Oberhand behielten.
Männer wie Virgil Earp, Bat Masterson oder Pat Garrett legten als Sheriff oder Marshal mit ihren schnellen Revolvern den Grundstein des demokratischen Amerika. Sie sorgten dafür – wenn auch sehr rauh und teilweise umstritten –, daß Verbrecher wie der Bandit Billy the Kid, der sich rühmte, mit 21 Jahren bereits 21 Menschen erschossen zu haben, sich nicht durchsetzen konnten.

Ich war gefangen von der Atmosphäre dieses kleinen Wüstenortes. Tombstone, die Stadt mit den gastfreundlichen Bürgern, die mittlerweile meine Freunde geworden sind, ist heute meine zweite Heimat.
Im Museum meiner Westernstadt räumte ich der Geschichte dieses legendären Ortes einen besonderen Platz ein.
Und mit einem Lied, das ich übrigens am Ort des Geschehens schrieb, ehrte ich den Mut der Einwohner, die ihre Stadt nicht aufgaben.
Wie könnte es anders heißen als „Tombstone, the town too tough to die"!
So macht es mich auch besonders stolz, daß ich unlängst, als ich wieder in Tombstone war, völlig unerwartet von Bürgermeister Alex Gradillas und Colonel Bill Brett zum „Honorary Mayor", also zum Ehrenbürgermeister, ernannt wurde. Ich bekam eine Urkunde, den goldenen Stadtschlüssel und einen aus alten Silberbeständen gegossenen Grabstein, einen „Tombstone" – eine Ehre, die vorher noch keinem Europäer zuteil wurde.
Besonders glücklich war ich über den Gegenbesuch von Colonel Bill Brett in meiner Western City bei Augsburg. Er trug sich nicht nur in das Goldene Buch im Rathaus von Dasing ein, sondern wurde auch zum ersten Ehrenbürger von Western City ernannt.

Früher war der Big Bend im Süden von Texas ein Dorado für Banditen

Einen meiner schönsten Abenteuerritte in Amerika startete ich im südlichen Texas. Im National Park des Big Bend, einem Gebirgsmassiv, das einst ein Dorado für Banditen war, bestieg ich mein Pferd, einen robusten, noch nicht voll ausgebildeten braun-weiß gescheckten Pinto.
Der Kurs: Westen. Hier entdeckte ich eine herrliche Gebirgsgegend, die noch nicht so bekannt ist, daß sie vom Tourismus überflutet würde. Entlang dem geschichtsträchtigen Fluß, dem Rio Grande, führten mich steinige Pfade durch Valleys, wie ich sie mir schöner nicht in den kühnsten Träumen vorstellen konnte.
Kein Künstler mit Pinsel und Palette hätte zartere Farben erdenken können als die Natur, die diese Gebirgstäler ausschmückte. In der Regenzeit von reißenden Flüssen geschaffen, im Sommer jedoch ausgetrocknet, wechselt in diesen Valleys das Farbenspiel von Lindgrün zu zartem Lila, das von bernsteinfarbenen Felsen unterbrochen wird. Farbnuancen im harmonischen Pastell der Steinwände, die nur der Schöpfung vorbehalten sind.
Angesteckt durch diese Harmonie der Natur ging mein anfangs etwas rebellierendes Pferd mittlerweile willig und zu-

frieden zwischen haushohen Kakteen, wie man sie bei uns nur aus Westernfilmen kennt.
Hinter der Einmündung des Pecos River blickte ich ergriffen in die steile Schlucht des Eagle Nest, einem tiefliegenden Felsplateau, das tatsächlich an ein monumentales Adlernest erinnert.
In der kleinen Stadt Langtry stieß ich auf die Lebensgeschichte eines alten Richters, dessen seltsam anmutende Urteile Legende sind. Wenn auch heute zum Teil unverständlich, trugen sie jedenfalls dazu bei, daß Unrecht und Verbrechen in der Zeit des Faustrechts nicht die Oberhand behielten.
Der alte Richter war Roy Bean. Um die unregelmäßigen, an die anstehenden Verhandlungen gebundenen Einkünfte eines würdigen Richters aufzubessern, unterhielt er einen Saloon, den er für Gerichtssitzungen als Verhandlungssaal an den Staat vermietete. Natürlich zur Freude der immer in großer Anzahl vorhandenen Zuschauer und zur Aufbesserung seines Lebensunterhalts.
So lautete denn auch bei kleineren Vergehen das Urteil oft: eine Runde Whiskey für alle. Dieses salomonische Urteil wurde von den Übeltätern meist gern angenommen, zumal dann auf ihr eigenes Wohl angestoßen wurde. Judge Roy Bean war eine typische Gestalt der Pionierzeit Amerikas, sein schillerndes Leben kann man in seinem als Museum ausgebauten Saloon noch heute nachvollziehen.
Unvergessen auch unser Ritt zu dem erst 1950 erloschenen Vulkan Paracutin in Mexiko. Kein Lebewesen, nicht einmal Insekten, können in dieser Wüste aus Lavastaub existieren. Beklemmend die absolute Grabesstille in diesem Landstrich, den wir auf kleinen, aber um so zäheren Indianerpferden durchritten. Zu Fuß erklommen wir mühsam den Vulkan, vom Kraterrand blickten wir erschauernd auf die Spitze eines Kirchturms, dem letzten sichtbaren Zeugen einer von Lavaströmen verschütteten Stadt.
Dies waren nur einige Stationen und Erlebnisse auf meinen vielen Reisen zu Pferd. Unvergessene Orte, Städte, Abenteuer und Menschen, die nicht nur mein Leben prägten. Dabei wurden Freundschaften geschlossen, die bis heute andauern.
Natürlich ist Freizeitreiten nicht nur „Urlaub zu Pferd". Es ist auch die einzige Sportart, bei der alle vier aus der Indianersaga bekannten Schöpfungskreise in Harmonie vereint sind: Erde, Natur, Tier und Mensch.

Das braucht ihr fürs Wanderreiten

Für das Pferd:

WESTERNSATTEL: Dank seiner größeren Auflagefläche bietet er bessere Gewichtsverteilung und Befestigungsmöglichkeiten als der Englisch-Reitsattel.

SATTELDECKE: Wichtig ist eine ausreichend große, mindestens drei Zentimeter starke Filzdecke, damit die Sattelauflage sich dem Rücken anpassen kann und somit kein Satteldruck entsteht.

SATTELTASCHEN: Sie sollen möglichst geräumig sein und werden hinter dem Sattel angebracht.

PLASTIKPLANE: Größe etwa 2 x 3 m, mit Ösen versehen. Verwendbar als Picknick-Unterlage, an Bäumen befestigt als Regendach, zum Abdecken des Pferdes oder als Zeltersatz.

WEIDEZAUNGERÄT: Für Freizeitreiter in Taschenlampen-Größe mit Batterien, zerlegbaren Pflöcken und Elektrokabel als Komplettset erhältlich.
Vertrieb: Pferdesportversand Krämer, Talhaus 15, Postfach 1525, 6832 Hockenheim, Tel. 06205/18155.

PFERDEBÜRSTE: Eine grobe Bürste erspart den Striegel.

HUFKRATZER: Zum Reinigen der Hufe. Falls ein Schweizer Messer vorhanden, nicht erforderlich

WUNDSPRAY: Alu-Spray schließt und desinfiziert Rißwunden.

SEIL: Länge nicht zu knapp, ist als Anbindeseil, Freßleine oder Ersatzzügel und Halfter verwendbar. Wird vorne am Sattel angehängt.

SCHNUR: Dünn und reißfest, ist sie notwendig für alle Reparaturen von Zaumzeug, des Zeltes oder zum Aufbau eines Regendachs.

STALLHALFTER: Bei gut ausgebildeten Pferden gleichzeitig Reithalfter.

Für den Reiter:

SCHLAFSACK: leicht und wasserdicht.

ZELT: klein und leicht, kann in Geschäften für Bergsteiger-Bedarf erworben werden. Bei gutem Schlafsack und Plastikplane kann jedoch auf ein Zelt verzichtet werden.

REGENMANTEL: Ideal ist ein leichter Plastikumhang mit Kapuze.

HUT: wichtig gegen Hitze und Regen. Ein Cowboy-Hut eignet sich auch gut zum Pferdetränken.

SCHUHE: am besten Cowboystiefel, sie geben auch bei nassem Wetter guten Schutz.

UNTERWÄSCHE und SOCKEN

WASCHUTENSILIEN

VERBANDSZEUG

MESSER: Ideal ist ein großes Schweizer Messer, das mit Holz-und Eisensäge, Kompaß, Zange, Wundpflaster, Schere sowie weiteren nützlichen Utensilien ausgestattet ist und bei jedem Problem Hilfe bietet. Für mich unentbehrlich.

KOMPASS: Ein kleiner Marschkompaß genügt.

LANDKARTE: Wanderkarte der jeweiligen Gegen.

FELDFLASCHE: Das Mitführen von Wasser ist immer unerläßlich.

TASCHENLAMPE: in Füllhaltergröße mit guter Leistung erhältlich.

FEUERZEUG: für Lagerfeuer.

KOCHGESCHIRR/BESTECK: aus leichtem Aluminium.

Wichtig ist bei der Zusammenstellung der Reitausrüstung für Pferd und Reiter, daß sie so leicht wie möglich, praktisch und so klein wie möglich ist.

Was ist Western-, was Englisch-Reiten?

Der Unterschied zwischen den verschiedenen Reitstilen – Englisch und Western – begründet sich in den unterschiedlichen Aufgabenbereichen, die Pferde früher bewältigen mußten.
So wurde der Reitstil in Europa jahrhundertelang von den Anforderungen der Kriegsreiterei geprägt. Das Pferd bedeutete im Kampf gegen die Heere der Fußsoldaten oftmals Überlegenheit. Wichtig war das Pferd nicht nur, weil die Pferdesoldaten, die Kavallerie, viel beweglicher eingesetzt werden konnten als die langsamen, mit Gepäck beladenen Fußmarschierer der Infanterie – das Pferd war im Kampf eine nicht zu unterschätzende Waffe.
Wenn es bei der Kapriole, einer Figur der hohen Schule, die heute noch in der Spanischen Hofreitschule in Wien gezeigt wird, nach einem gewaltigen Luftsprung seine beiden hinteren Beine kraftvoll hinausschleuderte, so bedeutete dieser Kraftakt im Schlachtgetümmel mit Sicherheit das Aus für eine ganze Anzahl von Fußsoldaten. Die Voraussetzung zu dieser in der Kriegsreiterei so wirksamen Figur war eine absolute Versammlung des Pferdes.
So basiert der in Europa gelehrte, vom Militär geprägte Reitstil des sogenannten Englisch-Reitens darauf, daß, mit Kreuz- und Schenkelhilfen vom Reiter in die Anlehnung des Zügels getrieben, das Pferd eine Versammlung mit rundem Rücken erreicht.
Die Anforderungen an Roß und Reiter in der Pionierzeit der USA stellen sich völlig anders dar. Man war gezwungen, wegen der riesigen, menschenleeren Gebiete fast täglich zwölf und mehr Stunden im Sattel zu sitzen, extrem schweres Gelände zu bewältigen oder vom Rücken des Pferdes aus schwere Rinderarbeit zu leisten. So entwickelte sich ein Reitstil, der für Reiter und Pferd nicht nur bequem ist, sondern bei dem auch mit geringster Kraft ein größtmöglicher Gehorsam des Pferdes erreicht wird.
Der neue Stil bedingte natürlich auch einen neuen Satteltyp. Der Western-Sattel besitzt eine größere, zur Gewichtsverteilung besser geeignete Auflagefläche und bietet für lange Ritte eine weit bequemere Sitzfläche als europäische Sättel an.
Die Versammlung eines Pferdes erfordert ständiges Treiben und Gegenhalten – das ist bei hoher Dauerbelastung viel

zu anstrengend für Pferd und Reiter. Also wurden und werden im Wilden Westen die Pferde mit langem Zügel und ohne ständigen Einfluß des Reiters geritten. Die Hilfen werden beim Western-Reiten nur zur „Befehlsübermittlung" eingesetzt. Sobald das Pferd den Wunsch des Reiters begriffen und angenommen hat, kann es sich wieder ungezwungen ohne Versammlung im eigenen Gleichgewicht fortbewegen.
Der wesentlichste Unterschied zum Englisch-Reiten ist auch für Ungeübte leicht zu erkennen: Das Pferd geht am langen Zügel, die Unterschenkel des Reiters befinden sich nicht treibend hinter dem Gurt, sondern die Beine zeigen bequem in fast gestreckter Form nach vorn.
Eines haben die beiden Stilarten allerdings gemeinsam: Die Absätze werden, um eine Spannung zwischen Steigbügel und Sattel zu erreichen, in beiden Fällen tief nach unten gedrückt.
Die Zügelführung, nur in einer Hand, bildet beim Western-Reiten einen weiteren wesentlichen Unterschied. Abgesehen davon, daß das Reiten am langen Zügel und die viel seltener gegebenen Hilfen viel weniger Kraftaufwand erfordern, bleibt die zweite Hand für die Arbeit im Sattel mit Lasso und Rinderpeitsche frei. Allerdings mußte das Pferd beim Abwenden eine andere Zügelhilfe lernen.
Beim Englisch-Reiten wird bei einer Rechtswendung die rechte Hand eingedreht und mit der linken Hand nachgegeben, so daß der Kopf des Pferdes, an der Trense mit beiden Händen geführt, sich nach rechts abbiegt. Beim Western-Reiten geht das einfach mit einer Körperdrehung nach rechts. Die einhändige Zügelführung bleibt auch dabei immer erhalten. Abgebogen wird der Kopf des Pferdes durch die Anlehnung des Zügels am äußeren Pferdehals. Der innere Zügel hängt frei durch. Schenkel- und Gewichtshilfen sind jedoch die gleichen wie beim Englisch-Reiten. Um auf die drei Grundgangarten zu kommen: Im Schritt fällt, wie eingangs angesprochen, die ständig treibende Schenkel- und Kreuzhilfe weg. Denn wenn sich vorn kein Widerstand in Form eines aufgenommenen Zügels befindet, gibt es hinten auch nichts zu treiben.
Im Trab erreicht man durch das Versammeln des Pferdes beim Englisch-Reiten einen runden Rücken, der ein leichtes Aussitzen im Sattel ermöglicht.
Dieses Manko beim Western-Reiten am langen Zügel wurde dadurch aufgehoben, daß man Westernpferde züchtete, die auch mit langem Hals einen absolut weichen, nicht

Der Western-Sattel hat eine erheblich größere Auflagefläche als der Englisch-Reitsattel. Dadurch bietet er eine viel bessere Gewichtsverteilung

werfenden Arbeitstrab bieten. Starker und leichter Trab sind beim Western-Reiten nicht üblich. Western-Reiter bevorzugen einen bis zum Schritt-Tempo reduzierten Galopp, bei dem das Pferd viel beweglicher ist.
Die Hilfen zum Angaloppieren sind bei beiden Reitstilen, wenn man einmal von der einhändigen Zügelführung absieht, bezüglich der Schenkel- und Gewichtshilfen dieselben. Jedoch kennt das Western-Reiten keinen „leichten Sitz" im Galopp, bei dem man mit erhobenem Gesäß und vorgeneigtem Oberkörper den Sattel entlastet, nicht aber, wie fälschlicherweise gelehrt wird, das Pferd.
Das Gewicht des Reiters wird vom Rücken des Pferdes getragen, ob ich nun im Steigbügel stehe oder richtig in dem gut ausbalancierten Westernstattel sitze. Bei der ohnehin schon kleinen Auflagefläche des englischen Sattels wird das Pferd im Gegenteil noch mehr strapaziert, wenn ich aufstehe und mein ganzes Gewicht punktuell in die Steigbügel stemme.
Einen weiteren schlimmen Nachteil offenbart der fälschlicherweise so genannte „leichte Sitz" im Galopp. Da das Gesäß des Reiters angehoben und der Rücken nach vorne geneigt ist, gibt es überhaupt keine Chance, im Fall einer plötzlich auftauchenden Gefahr eine Parade mit dem Kreuz zu geben.
Wir alle kennen das beängstigende Bild eines stehenden Reiters mit wirkungslos „sägenden" Zügeln auf einem durchgehenden Pferd. Wo bleibt da die Einheit von Pferd und Reiter? Wie kann ich meinen Willen auf das Pferd übertragen, wenn ich den Platz, der ja nicht zufällig in der Mitte und somit der Balance des Pferdes liegt, freiwillig verlassen habe?
Sicher hat dieser „leichte Sitz" beim Springsport seine Vorzüge. Aber diesen Sport gibt es beim Western-Reiten nicht – glücklicherweise. Aber darauf komme ich später.
Schmerzbringende Hilfen sind leider bei beiden Reitstilen bekannt: Kandaren und Sporen. Die Peitsche allerdings bleibt dem Englisch-Reiter vorbehalten.
So bleibt also die Frage nach dem besseren Reitstil unbeantwortet, wenn wir Ziel und Zweck der einzelnen Reitstile zugrunde legen.
Der für das Pferd schonungsvollste und humanste, weil nicht auf Zwang, sondern auf Belohnung aufgebaute Reitstil ist außerhalb jeden Zweifels der entschärfte Western-Reitstil, das von mir immer wieder propagierte gewaltlose Freizeitreiten.

Das gewaltlose Freizeitreiten

Die Kapriole, hier vorgeführt in der Spanischen Reitschule zu Wien, war früher ein wichtiger Kraftakt beim Einsatz im Schlachtgetümmel

Wer seine Liebe zum Freizeitreiten entdeckt hat, dem stellt sich natürlich die Frage, welcher Reitstil für ihn am besten geeignet ist.
Dazu muß man die Anforderungen kennen, die an das Pferd beim Reiten im Gelände gestellt werden. Anforderungen, denen es auch bei schwierigen Wegstrecken gerecht werden soll, wenn Steilhänge bewältigt oder Bäche durchquert werden müssen. Es soll im Straßenverkehr einer Großstadt genauso sicher und zuverlässig zu bewegen sein wie beim Betreten von Brücken und Stegen. Die natürliche Balance und die Trittsicherheit des Pferdes dürfen niemals verlorengehen.
All diese Anforderungen wurden an jene Männer und ihre Pferde gestellt, die, von Abenteuerlust gepackt, Europa verließen, um in Amerika ihr Glück zu suchen. Jahrhundertelang war das Pferd hier tatsächlich der Gefährte, der in der endlosen, oft wasserarmen Prärie, in den Kakteen-Wüsten und den tiefen Wäldern die Voraussetzungen zum Überleben bot.
Diese Männer lebten 24 Stunden am Tag mit ihren Pferden zusammen, und nur so konnte ein Reitstil entstehen, der dem Pferd zur Überwindung der schwierigen Naturhindernisse die größtmögliche Balance ließ und bei geringster Einwirkung des Reiters einen größtmöglichen Gehorsam gewährleistete – der Western-Reitstil.
Wenn man einmal Cowboys beim Treiben der Rinder beobachtet, wie verwachsen sie mit ihren Pferden sind, wie blind sie sich mit ihnen verstehen und wie ihre Tiere auf die kleinste Gewichtsverlagerung reagieren, dann hat sich die Frage von selbst beantwortet.
Dieser Reitstil hat sich in der Freiheit der Wildnis entwickelt und ist deshalb als Basis für das schonende, gewaltlose Freizeitreiten prädestiniert.
Ich möchte aber noch erheblich weitergehen und das von mir entwickelte System propagieren. Einen auf der Basis des Western-Reitens entstandenen humanen, schmerzfreien Reitstil, der das Beherrschen des Pferdes bei allen Anforderungen des Freizeitreitens gewährleistet und auf die extremen Belastungen des Pferdes bei Turnieranforderungen verzichtet. Da das Pferd als Fluchttier nicht aggressiv ist und somit bestrebt, Auseinandersetzungen mit

dem „Ranghöheren" aus dem Weg zu gehen, genügt es, dem Pferd mitzuteilen und klarzumachen, was von ihm gefordert wird.

Meine Ranch bei Augsburg: Auf Vollblutpferden reiten meine Ferienkinder bereits nach viertägiger Ausbildung sicher ins Gelände aus

Wenn ein Pferd diese Hilfen erst einmal verstanden hat, kann man sie tatsächlich auf ein Minimum reduzieren. So ist es bei gut ausgebildeten Pferden möglich, zur Richtungsänderung nur leicht das Gewicht zu verlagern, zum Anhalten braucht es lediglich eine sanfte Parade und zum Angaloppieren die leichteste Schenkelhilfe.

Bevor wir nun zur Praxis übergehen, möchte ich betonen, daß fast alle Pferderassen, also nicht nur Quarter- oder Westernpferde, für diesen Reitstil geeignet sind. Vor allem möchte ich bei dieser Gelegenheit einmal eine Lanze für das Vollblutpferd brechen, dem man immer wieder nachsagt, es sei schwierig zu reiten. Das ist völliger Unsinn! Gerade der humane Reitstil kommt den nervigen Pferden entgegen.

Wende bei Vollblutpferden keine Gewalt an, dann genießt du das unkomplizierteste, verläßlichste und feinfühligste Reittier, das man sich überhaupt vorstellen kann.

Seit zehn Jahren machen Kinder im Alter von sieben bis vierzehn Jahren Reiterferien bei mir. Mit meinen zehn Vollblütern habe ich bis heute in meiner Westernstadt noch keinen einzigen Reitunfall erlebt, obwohl die Kinder nach viertägigem Reitunterricht im Fred-Rai-Stil bereits ihren ersten Ausritt wagen dürfen.

Auch Pferde, die bisher im englischen Reitstil geritten wurden, können den Freizeit-Reitstil erlernen, ohne deshalb ihre bisher gelernten Lektionen zu vergessen.

Ich stehe nicht allein mit meiner Meinung, daß das entspannende Reiten am langen Zügel und mit langem Hals gerade auch für Dressurpferde eine wichtige Lockerungs- und Gleichwichtsübung darstellt, um dann wieder ohne Verspannung und in vollendeter Versammlung an den Hilfen stehen zu können.

Beginnen wir nun mit der Praxis.

1. Lektion – Sitz des Reiters

Der Reiter soll mit senkrechtem, eher leicht nach hinten geneigten Oberkörper im Sattel sitzen. Bloß nicht in Richtung Hals vorbeugen – das ist der häufigste und schwerste Fehler zu Beginn des Reitunterrichts. Denn der Hals ist keinesfalls eine Hilfe zum Festhalten, wie Anfänger oft fälschlich glauben.

Bei der Rinder-Arbeit ist ein Reitstil gefordert, der bei geringster Kraftaufwendung des Reiters den größtmöglichen Gehorsam des Pferdes gewährt

Richtiger Sitz: Oberkörper leicht nach hinten, Beine nach vorn

Falscher Sitz: Nach vorn geneigt und am Sattelhorn eingekrallt

Ganz im Gegenteil, denn 95 Prozent all derer, die unfreiwillig den Rücken des Pferdes wieder verlassen, tun dies über die natürliche Rutschbahn Hals. Nie wird ein Reiter im Gleichgewicht sitzen können, wenn er vornübergeneigt, mit Händen, Unter- und Oberschenkeln festgekrallt, krampfhaft Halt sucht.

Beim Reiten ist das wie beim Ski- oder Radfahren eine Sache des Gleichgewichtes. Jede Verkrampfung führt zum Mißerfolg.

Die Natur hat uns Menschen mit einem Körperteil ausgestattet, der zum bequemen Sitzen geeignet ist. Dies wollen wir voll ausnützen, indem wir uns gemütlich, entspannt und locker in den dazu geschaffenen Westernsattel setzen, ohne uns dabei irgendwo festzuklammern.

Die Beine sind nicht, wie beim Englisch-Reiten, hinter dem Sattelgurt am Pferdekörper angelegt, sondern frei von jeder Berührung des Pferdes nach vorn ausgestreckt. Die Absätze sind dabei tief, so daß mit einem fast durchgedrückten Bein eine Spannung zwischen Steigbügel und Sattel entsteht. Dies ist wichtig, damit der vom Fußballen gehaltene Steigbügel nicht verlorengeht.

2. Lektion – Zügelführung

Den Zügel führen wir mit einer Hand, wobei die Zügelfaust, ständig fest geschlossen, immer rund 15 Zentimeter vor dem Bauchnabel zu stehen hat. Die Zügel werden links und rechts am Ringfinger vorbeigeführt, durch die innere Handfläche nach oben gelegt und nach dem Schließen zur Faust mit dem darübergelegten Daumen zusätzlich festgehalten, so daß der Zügel uns nicht entgleiten kann.

Das Pferd steht frei und ohne Zwang, denn auch zwischen Zügelfaust und Pferdekopf besteht keine feste Verbindung durch einen angezogenen Zügel. Dieser muß leicht durchhängen. Wenn wir den Zügel um etwa fünf Zentimeter annehmen, kann eine Parade auf das Pferd wirken. Stetes Aufnehmen oder unkontrolliertes Ziehen am Zügel ist ein häufiger Fehler, der die Gefahr birgt, daß das Pferd völlig abstumpft.

Und dann ist der Reiter nicht mehr in der Lage, ein Pferd ohne schmerzhafte Hilfsmittel durchzuparieren.

Das Pferd reagiert nur auf den Unterschied. Und so genügt bei ständig freiem Kopf eine leichte Parade, um das Pferd zu dirigieren.

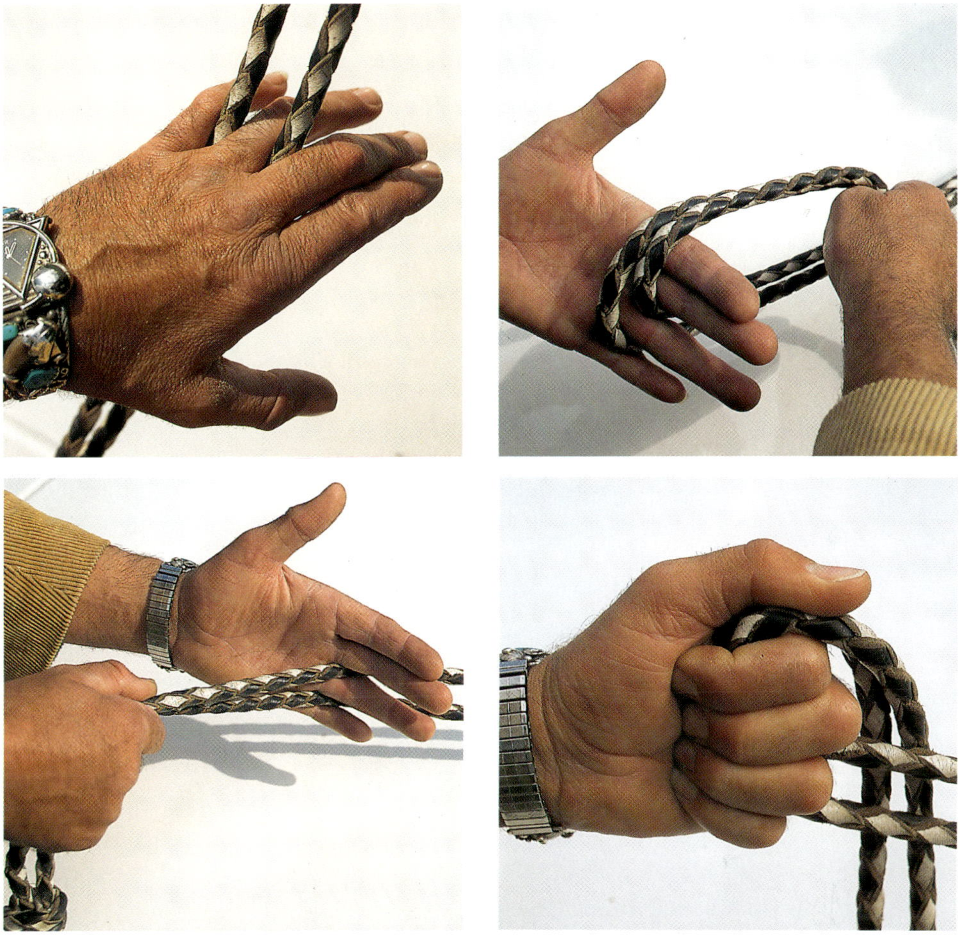

Die Phasen des Zügelaufnehmens (von links nach rechts): Die Zügel werden links und rechts am Ringfinger vorbeigeführt (l.o.), die Zügelhand aufstellen (r.o.), den Zügel über die aufgestellte Hand legen (l.M.), die Faust schließen und mit dem Daumen den Zügel zusätzlich festhalten (r.M.). Mit leicht durchhängendem Zügel geht das Pferd frei und ohne Zwang, denn zwischen Zügelfaust und Pferdekopf besteht keine feste Verbindung

3. Lektion – Kopf-und Schulterhaltung

Der Körper kann nicht im Gleichgewicht bleiben, wenn der Kopf des Reiters sklavenhaft, wie leider in den meisten Fällen, zu Boden geneigt ist.
Ist das Reiten nicht eine stolze Angelegenheit? Wie heißt es doch in einem alten Pferdespruch:
„Reiten ist Wille ins Weite – ins Unendliche."
In die Weite, nach der sich das Reiterherz sehnt, soll auch der Reiter blicken – und zwar in die Richtung, in die man sich bewegen will.
So ist es auch selbstverständlich, daß wir aus diesem Grund beim Reiten ebenfalls eine aufrechte Haltung einnehmen müssen. Nach vorn hängende Schultern, die den eingezogenen Hals einrahmen – so eine Körperhaltung paßt besser auf eine Palme als auf den Rücken eines Pferdes. Denn so ist beim Reiten kein Gleichgewicht möglich.

4. Lektion – Anreiten und Schritt

Raumgreifender Schritt – die wichtigste Gangart des Pferdes. Nach dem Anlegen des Unterschenkels geht das Pferd wieder frei und ohne Zwang

Durch ein einmaliges kurzes Anlegen des Unterschenkels – bei tiefgehaltenem Absatz – wird das Pferd veranlaßt, vom Stand in den Schritt überzugehen. Danach nimmt der Fuß, natürlich wieder mit tiefem Absatz und nach vorn gestreckt, seine Grundstellung ein.
Wenn die Hilfe zum Anreiten nur zögernd angenommen wird oder das Pferd nicht fleißig genug vorwärtstritt, drückt man wiederholt die Schenkel an. Ist das Pferd dennoch ungehorsam, darf man ruhig energisch mit dem sporenlosen Absatz klopfen. Ohne Sporen werden dem Pferd dabei keine Schmerzen zugefügt.
Wichtig jedoch ist der klare Wille zum Anreiten, der absolut auf das Pferd übertragen werden muß. Halbherzige und unklare Schenkelhilfe wird vom Pferd auch dementsprechend ignoriert.
Da auch bei der Schenkelhilfe das Pferd immer nur auf den Unterschied reagiert, ist es wichtig, daß der Unterschenkel nicht bei jedem Schritt den Pferdekörper berührt, sondern mit der nötigen Distanz nach vorn durchgestreckt bleibt.
Dabei bleibt der Oberkörper in senkrechter Haltung, und die Zügel werden wie vorher leicht durchhängend von der Zügelfaust geführt.
Das Pferd geht also ohne weitere treibende Hilfen und ohne störende Einwirkung des Reiters völlig frei und zwanglos geradeaus vorwärts.

Der raumgreifende, fleißige Schritt ist die wichtigste Gangart des Pferdes. Wer sein Tier in dieser Grundgangart, verbunden mit allen gehorsam ausgeführten Wendungen und Paraden, beherrscht, ist als Reiter ausgebildet und hat keinerlei Schwierigkeiten, dieses Können auf die weiteren Gangarten Trab und Galopp zu übertragen.

5. Lektion – Die Parade zum Halten

Die Parade zum Halten ist eine sehr wichtige Lektion, da die Hilfen zum Durchparieren vom Galopp zum Trab oder Schritt die gleichen sind wie die Parade zum Anhalten. Leider muß ich auch hier wieder auf einen häufigen, schwerwiegenden und oft gefährlichen Fehler aufmerksam machen:

Die gleiche Rückenanspannung, die einer Schaukel den Schwung verleiht, ist die richtige Bewegung des Reiters zu einer gekonnten Parade

Viele Reiter sind nicht in der Lage, ihre im Maul abgestumpften Tiere mit falschen, nur auf den Kopf wirkenden Paraden vom Galopp zum Halten durchzuparieren. Dadurch entstehen immer wieder gefährliche Situationen und Unfälle für Reiter und Pferd.

Viele dieser Unfälle könnten bei vernünftiger Ausbildung vermieden werden.

Das Anziehen der Zügel mit Wirkung auf den Kopf des Pferdes ist nur ein Teil der Parade. Die ganze Parade muß über das Kreuz und das Gesäß des Reiters auf den Rücken des Pferdes wirken. Leicht zu verstehen, daß dies bei falscher, vorgeneigter Körperhaltung unmöglich ist und nur ein wirkungsloses Ziehen am Pferdekopf zur Folge haben kann.

Am besten lernt man diesen Bewegungsablauf zum Durchparieren, bei dem sich alle Kraft auf den Rücken des Tieres auswirkt, durch folgendes Beispiel:

Jeder saß schon einmal in seinem Leben auf einer hängenden Schaukel. Genau dieselbe Rückenanspannung, die der Schaukel den Schwung gibt, ist die Bewegung, die man auf den Pferderücken ausübt und die zur Parade führt.

Man muß sich dabei nur noch die Schaukelseile in einer Hand als Zügel vor dem Körper vorstellen – und die Parade ist perfekt. Wie beim Schaukeln muß auch dabei der Rücken etwas zurückgenommen werden, um die Kraft voll zu übertragen.

Nun einer der wichtigsten Vorgänge: In dem Moment, da das Pferd auf die Parade anspricht, muß sofort die Zügelfaust wieder nachgeben und in die Ausgangsstellung vor

den Körper gebracht werden. Diese Belohnung auf eine angenommene Parade muß sofort folgen, damit das Pferd von dem unangenehmen Zug am Kopf und der Kreuzeinwirkung im Rücken befreit ist. Je konsequenter man die Zügelfreiheit nach einer angenommenen Parade gewährt, um so leichter kann auf Dauer nicht nur die Parade, sondern auch die Zäumung des Pferdes sein.
Daß es funktioniert, habe ich meinen Reiterfreunden in zahllosen Beispielen bewiesen: Hartmäulige und sture Pferde wurden von mir nach nur wenigen Stunden konsequenten Trainings und durch viel Belohnung mit leichtem Zaum oder Stallhalfter mit zwei Fingern aus dem Galopp zum Halt durchpariert.
Man muß sich noch einmal bewußt werden, daß sich das Pferd seiner dem Menschen weit überlegenen Kraft nicht bewußt ist. Es muß lediglich lernen, daß es nach dem Gehorsam, erreicht durch die gegebenen Hilfen, von diesen unangenehmen Einwirkungen des Reiters gleich wieder befreit ist, um wieder ungezwungen und ohne störende Führung und in Harmonie mit dem Reiter seinen Weg fortsetzen zu können.
Was müssen die armen Pferde oft ertragen! Zum Beispiel bei jedem Schritt hackende Sporen, scheinbar nötig, weil durch ständiges Paradegeben der Wille zum Vorwärtsdrang vermißt wird. Und dabei wird der Kopf des Pferdes noch auf die Brust „gesägt". Arme Kreatur.
Das konsequente Training der Parade, bis sie tatsächlich mit zwei Fingern angenommen wird, ist nicht nur eine wichtige Gehorsamsübung, sondern auch die Voraussetzung dafür, daß Pferde ohne Kandare und Trense mit leichtestem Zaum geritten werden können.

6. Lektion – Wendungen

Bevor wir mit der Praxis der Wendungen beginnen, komme ich auf das bereits erwähnte Beispiel vom Fahrradfahren zurück.
Kein Radfahrer würde versuchen, eine Kurve zu fahren, ohne dabei das Gewicht in die gewünschte Richtung zu verlagern. Anderweitig würde er rasch mit dem harten Straßenpflaster Bekanntschaft machen. Obwohl es beim Rad- oder Skifahren so selbstverständlich ist, sind viele Reitanfänger anfangs nicht dazu zu bewegen, das gleiche auf dem Rücken eines Pferdes zu praktizieren.
Ganz im Gegenteil – sie sitzen wie Statuen im Sattel, mit

der linken Hand am Sattelhorn eingekrallt, mit der hoch erhobenen zügelhaltenden Rechten den verständnislos blickenden Pferdekopf von links nach rechts ziehend, wollen sie nun das völlig irritierte Pferd dazu veranlassen, in irgendeiner Form die Richtung zu ändern. Das mißglückt natürlich.

Die wichtigste Hilfe beim Abwenden ist die Gewichtsverlagerung. Erst danach folgen die Zügel- und Schenkelhilfen.

Doch schildern wir zunächst einmal die korrekte Haltung des Reiters und die erforderlichen Hilfen:

Der Reiter sitzt nach wie vor mit einem leichten Hang zur Rückenlage in der Senkrechten. Er verlagert nun bei einer Rechtswendung sein Gewicht auf die rechte Gesäßhälfte, verlängert bis auf die nach vorn gerichtete Fußspitze. Seinen gesamten Körper dreht er jetzt nach rechts. Das Abbiegen nur des Oberkörpers ist in jedem Fall falsch, da so keine völlige Gewichtsverlagerung möglich ist. Und weil bei korrekter Körperdrehung die rechte Schulter zurück, die linke nach vorn kommt, vollführt auch gleichzeitig die Zügelfaust, die nach wie vor fünfzehn Zentimeter vor dem Bauchnabel zu stehen hat, eine Wendung nach rechts. Dadurch wird der gesamte Körper des Reiters aus der Mitte des Pferdes in die „Kurvenlage" gebracht.

Der hauptsächliche Fehler, der dabei gemacht wird, ist der nach vorn fallende Oberkörper. Das sieht aus, als suchte der Reiter aus unerklärlichen Gründen den Boden neben dem rechten Vorderhuf nach verlorengegangenen Dingen ab – eine absolut sinnlose Haltung.

Der Reiter darf das Gleichgewicht des Pferdes nicht stören, er muß auch die in einer Biegung nötige Gewichtsverlagerung unterstützen, um die Harmonie zwischen Reiter und Pferd zu erhalten.

Durch das Mitnehmen der Zügelfaust nach rechts wird der linke Zügel an den Pferdehals angelegt. Der rechte dagegen hängt durch, und diese geringe Hilfe genügt, damit das Pferd abbiegt.

Eine weitere Hilfe ist der äußere Schenkel, bei einer Rechtswendung also der linke, der zurückgenommen und an den Pferdeleib angelegt wird. Der Absatz bleibt bei dieser Bewegung trotzdem tief durchgedrückt, um die Spannung zwischen Steigbügel und Sattel nicht zu verlieren. Das ist zwar anfangs etwas ungewohnt, man lernt es dennoch schnell.

Durch das Anlegen des äußeren Zügels und des Unter-

Die wichtigste Hilfe beim Abwenden deines Pferdes ist die Gewichtsverlagerung, verbunden mit einer Drehung des gesamten Körpers

Gewichtsverlagern und Drehen solltet ihr in Trockenübungen trainieren. So erspart ihr eurem Pferd unnötiges Reißen und Ziehen am Kopf

schenkels an den Pferdebauch erreicht man eine Rundung des gesamten Pferdes um die logische Achse des im Gleichgewicht sitzenden Reiters.

Der rechte innere Fuß des Reiters bleibt ausschließlich passiv in der Grundstellung nach vorn gestreckt. Er tritt lediglich dann in Aktion, wenn eine treibende Hilfe erforderlich sein sollte.

Soweit also die Hilfe beim Abwenden in den Grundgangarten Schritt, Trab und Galopp.

Bei Wendungen auf der Stelle wendet man die gleichen Hilfen und die gleiche Gewichtsverlagerung an. Damit das Pferd jedoch nicht in den Schritt fällt, sind zum Anhalten lediglich kleine leichte Paraden wie beim Durchparieren zu geben.

Dabei sollte man immer darauf achten, daß diese Paraden über das Kreuz gegeben werden.

Wenn ihr diesen Reitstil, was ich hoffe, erlernen wollt, so ist es auf alle Fälle ratsam, die Gewichtsverlagerung des Körpers, verbunden mit der Drehung des Oberkörpers, und das sture Verbleiben der Zügelfaust vor dem Bauchnabel in „Trockenübungen" zu trainieren.

Dabei stellt man sich leicht breitbeinig auf, verlagert bei einer Rechtsdrehung das Gewicht auf das rechte Standbein, so daß das linke Bein zur Schenkelhilfe entlastet ist und leicht angehoben werden kann.

Diese Übungen von Rechtswendung auf Grundstellung, von Grundstellung auf Linkswendung und wieder zurück solltet ihr so oft wiederholen, bis sie in Fleisch und Blut übergegangen sind. Oftmals nicht verstanden und belächelt, ersparen sie doch viele Ausbildungsstunden auf dem Pferd. Ganz zu schweigen davon, was den Pferden an unnötigem Ziehen und Reißen am Kopf erspart bleibt. Pferde, die sowieso schon sehr viel bewundernswerte Geduld mit Anfängern aufbringen.

7. Lektion – Rückwärtsrichten

Das Rückwärtstreten ist zunächst einmal für ein auf Flucht „programmiertes" Tier wie das Pferd eine ungeliebte Bewegung und in der Natur oder auf der Weide nur sehr selten zu sehen. Nur in die Enge gedrängt, eine Flucht nach vorn ausgeschlossen, wird das Pferd notgedrungen einige wenige Schritte rückwärts gehen, um bei der ersten sich bietenden Gelegenheit den Gang ins Ungewisse beenden. Es dreht ab.

Der Pferderücken wird beim Rückwärtsrichten entlastet, indem man sein Körpergewicht leicht aufstehend in die Steigbügel nach vorn verlagert

Nach hinten kann ein Pferd nur ganz begrenzt Hindernisse erkennen. Das Auftreten der hinteren Hufe, die beim Rückwärtstreten primär gesetzt werden, kann vom Pferd überhaupt nicht kontrolliert werden.

Wenn wir wissen, mit welcher Vorsicht und Achtsamkeit das Pferd die Beine bei den Gangarten setzt – selbst bei schwierigen Wegverhältnissen treten die Hinterbeine in die Abdrücke der Vorderhufe –, dann verstehen wir auch die natürliche Abneigung gegen das Rückwärtsgehen.

Diese Überlegungen habe ich zugrunde gelegt, als ich eine Methode entwickelte, die den Gehorsam des Pferdes bei dieser ungeliebten Gangart durch möglichst wenige fordernde Hilfen belohnt.

Die übliche Lehrmethode besagt, daß das Pferd zum Rückwärtsrichten mit treibender Kreuzhilfe vermehrt in die Parade getrieben wird, um dann dem Zügeldruck ausweichend rückwärts zu gehen. Also doppelte Hilfen, dazu noch verstärkt, sind nötig, damit das Pferd eine ungeliebte Gangart einschlägt.

Meine Gedanken dagegen richteten sich dahin, den Weg nach hinten frei zu machen und ihn nicht mit treibendem Rücken zu blockieren. In der Praxis heißt das, den Sattel und damit den Rücken des Pferdes zu entlasten. Dies wird erreicht, indem man das Gewicht leicht auf die Steigbügel verlagert. Das Pferd kann nun ungehindert den wiederholt zu gebenden leichten Paraden nach rückwärts ausweichen. Bei einer gewünschten Richtungsänderung erreiche ich durch das Anlegen des äußeren Schenkels ein genaues, hilfreiches Steuern.

Mit dieser Methode habe ich so großartige Erfolge erzielt, daß meine Pferde unter leichtesten, nur mit zwei Fingern gegebenen Paraden, ohne Kandare und Trense und mit nur stallhalfterähnlicher Zäumung fast bis zur Trabgeschwindigkeit willig rückwärts gehen.
Ich kann nur jedem Freizeitreiter raten, diese so erfolgreiche, vom Pferd gern und leicht angenommene Methode anzuwenden.

8. Lektion – Traben

In der Natur frei lebende Pferde nützen den Trab wenig, in der Regel nur als Übergang vom Schritt in den Galopp. Bei der Reiterei ist diese Gangart, bei der immer nur zwei Beine diagonal den Boden berühren, jedoch beliebt. Hierbei fußt das vordere rechte mit dem hinteren linken und das linke vordere mit dem hinteren rechten Bein. Im Trab können zügig größere Strecken bewältigt werden, weil er für das Pferd nicht so anstrengend ist wie der Galopp. Auf der anderen Seite ist er weit schneller und raumgewinnender als der Schritt.
Den meisten Westernpferden ist ein Trab angezüchtet, der bei langem Hals und hergegebenem rundem Rücken des Pferdes ein völlig ruhiges und nicht stoßendes Aussitzen im Sattel ermöglicht. Ein Arbeitstrab, der jedoch nicht zum starken Trab gesteigert wird, weil bei schnellerem Tempo der viel beweglichere Galopp bevorzugt wird.
Die Körperhaltung wird dabei nach der treibenden Hilfe von Kreuz und Unterschenkel nur ganz geringfügig geändert. So wird der Rücken ein bißchen mehr zurückgenommen, um die Trabbewegung leichter mitschwingen und aussitzen zu können. Die Zügelfaust bleibt nach wie vor mit leicht durchhängenden Zügeln vor dem Körper, damit das Pferd völlig losgelöst ausbalanciert und frei traben kann.
Temporeduzierungen werden durch leichte Paraden über das Kreuz erreicht. Ist der Trab reduziert, müssen jedoch die Zügel sofort wieder freigegeben werden. Auf keinen Fall darf man sich an ihnen festhalten, sondern man sollte völlig frei und im Gleichgewicht im Sattel sitzen, damit das Pferdemaul nicht abstumpft.
Im Western- und Freizeit-Reiten ist das beim englischen Stil gelehrte Leichttraben, bei dem ein Aufstehen und Hinsetzen im Sattel, also ein Entlasten und Belasten im Rhythmus von zwei Takten erfolgt, nicht üblich. Dieser

Beim Trab bleiben die Zügel wie immer leicht durchhängend, damit das Pferd sich gelöst und frei bewegen kann. Auf keinen Fall nach vorn lehnen!

Pferde mit nicht oder schwer auszusitzender Trabaktion können ruhig im leichten Trab geritten werden. Die zweite Hand darf sich am Sattelhorn stützen

Auch beim Galopp braucht das Pferd den freien Hals zur Balance. Niemals am Maul ziehen: Das empfindet das Pferd als störend, und es stumpft ab

Im Galopp erreichen Pferde ein Tempo von 70 Stundenkilometern

Rhythmus wird von Zeit zu Zeit gewechselt, um eine gleichmäßige Belastung des Pferdes zu erreichen. Die Fußfolge dabei ist 1 - 3 auf 2 - 4. Dies könnt ihr vom Sattel aus leicht erkennen, wenn ihr die Schulter des Pferdes beobachtet.
Ich behandle und erkläre das im englischen Reitstil übliche Leichttraben so ausführlich, weil nicht alle deutschen Reitpferde über den bei Westernpferden üblichen, leicht auszusitzenden Trab verfügen.
Das Freizeitreiten soll – und ich vertrete dies gegen alle Anfeindungen sogenannter Stilisten – bei höchstmöglichem Gehorsam die höchstmögliche Humanität bieten. Und das heißt: geringste Belastung und völlige Schmerzfreiheit für das Pferd!

Das Wohlbefinden von Tier und Reiter geht jeder Verfechtung eines Stils vor

Wenn ich sagte, daß alle Pferde den von mir propagierten Reitstil erlernen können, so muß ich hier den Pferden und deren Besitzern auch aus Humanität ein Zugeständnis machen: Pferde mit hoher und nicht auszusitzender Trabaktion sollen ruhig im leichten Trab geritten werden.
Denn das Wohlbefinden von Tier und Reiter geht jeder sturen Verfechtung eines Reitstils vor. Die Logik sollte, und dies nicht nur beim Reiten, der Maßstab jeglichen Handelns sein.
Scheut euch übrigens nicht, beim Leichttraben die zum Freizeitreiten nicht beanspruchte zweite Hand als Stütze am Sattelhorn zu verwenden. Der Westernsattel bietet keine Möglichkeit zu dem bei diesem Traben erforderlichen Knieschluß. Die Füße müssen auf jeden Fall in der vorgestreckten Haltung verbleiben.
Die schönste Gangart jedoch – und da bin ich wieder mit allen Stilisten einig – ist die Gangart, in der man am meisten mit dem Pferd verwächst. Und die harmonischste Verbindung zwischen Tier und Mensch entsteht, wenn man sich die Geschmeidigkeit, Kraft und Schnelligkeit des Pferdes zu eigen macht. Es ist eine Gangart, die rücksichtsvoll und für das Pferd nicht erschöpfend eingesetzt werden soll: der Galopp.

9. Lektion – der Galopp

Die schnellste Gangart des Pferdes! Im Galopp ist es in der Lage, sich mit bis zu 70 Stundenkilometern aus einer Gefahrenzone zu entfernen oder in der Natur vor Raubwild zu flüchten.
Um diese Gangart zu erreichen, verwenden wir die glei-

chen Hilfen wie beim Abbiegen. Beim Rechtsgalopp also eine Körperdrehung mit Zügelführung nach rechts, linker Schenkel zurück an den Pferdeleib, links am Pferdehals angelegter, rechts durchhängender Zügel, treibende Kreuzhilfe (Schaukeleffekt) und dazu treibenden Unterschenkeleinsatz mit der Innenseite des rechten Beines hinter dem Sattelgurt. Beim Rechtsgalopp holt das Pferd mit dem rechten Vorderhuf aus, während der linke auftritt. Und jedes Mal fußt das äußere Hinterbein vor dem inneren und das äußere Vorderbein vor dem inneren auf.
Wegen der Trittsicherheit und Standfestigkeit ist dies eine logische Fußfolge. Somit ist es wichtig, eine Rechtswendung im Rechts- und eine Linkswendung im Linksgalopp zu absolvieren.
Ein Pferd ohne Reiter wird dies grundsätzlich so ausführen und bei einer Richtungsänderung von selbst auf die andere Fußfolge umspringen. Es gilt also, bei einer Richtungsänderung die natürliche Veranlagung des Pferdes nicht zu stören, sondern das Umspringen auch mit korrektem Umsitzen zu unterstützen.
Das bedeutet, daß die Hilfen beim Umspringen vom Rechts- in den Linksgalopp wie beim Angaloppieren in die gewünschte Richtung gegeben werden müssen.
Bei dieser Gelegenheit möchte ich ganz deutlich gegen die irrige und weit verbreitete Meinung ins Gericht ziehen, es sei beim Galopp im Gelände sicherer, das Pferd an den Zügeln stehen zu lassen, um ein Stolpern und einen darausfolgenden Sturz zu vermeiden.
Genau das Gegenteil ist der Fall!
Das Pferd benötigt wie in der Natur seinen Hals zum Ausbalancieren. Ein Ziehen im oder am Maul ist absolut störend und hindert das Pferd daran, beim Stolpern wieder ins Gleichgewicht zu kommen.
Man hüte sich auch davor, heftige Pferde im Gelände ständig am Zügel festzuhalten. Durch diese ständige Abstumpfung wird es nach kurzer Zeit nicht mehr zum Durchparieren bereit sein.

Heftige Pferde stumpfen ab, wenn man sie ständig am Zügel festhält

Es gilt auch hier wieder der Grundsatz: Das Pferd reagiert nur auf den Unterschied.
Ein heftiges Pferd pariere ich mit starker Kreuzeinwirkung bis zum gewünschten Arbeitsgalopp durch und belohne es auf das Reagieren der Hilfen, indem ich die Zügel lockere. Beschleunigt das Pferd erneut, ohne daß ich es wünsche, wird diese Parade wiederholt. Und wieder kommt die Belohnung in Form des freien ungezwungenen Kopfes.

Wesentlich dabei ist, daß die Parade bereits im Ansatz der Beschleunigung erfolgt. Um so leichter genügt diese Hilfe, und um so schneller reagiert und lernt das Pferd. Jedoch gilt auch hier wieder der vielleicht wichtigste Spruch: bei allen Hilfen:
Eine Hilfe muß so leicht wie möglich und so hart wie nötig sein.
Ich habe ganz bewußt diese Reihenfolge gewählt.
Jede Inkonsequenz zerstört die Ausbildung von Tagen. Nur bei absoluter Konsequenz können Hilfen auf ein Minimum reduziert werden. Wenn das Pferd gelernt hat, daß an der Befolgung einer Hilfe kein Weg vorbeiführt, wird es diese in dem Wissen sich dann wieder ungezwungen fortbewegen zu können, sofort annehmen.
So ist der kontrollierte und gehorsame Galopp die schönste Gangart für den Reiter.
Wenn die Bäume an dir vorbeifliegen, wenn die muskulösen Pferdebeine trommeln, wenn das übermütige und freudige Schnauben dir zeigt, wie gern sich dein Pferd einmal austobt, dann vergiß nicht, daß es für deinen Kameraden aber auch die anstrengendste Gangart ist.
Wähle deshalb für das Galoppieren im Gelände grundsätzlich weichen, federnden Untergrund wie Wiesen, Sandwege und abgeerntete Felder, um die Gelenke des Pferdes zu schonen. Harter Boden, also Teerstraßen oder steinige Feldwege, sind auch bei nur kurzen Galoppstrecken für die schlanken Pferdebeine absolut schädlich.
Bedenke, dein Pferd hat nicht nur wie in der Natur sein eigenes Gewicht, sondern auch noch den Reiter mit Sattelzeug zu tragen. Außerdem dürfte es für jeden Pferdefreund eine Selbstverständlichkeit sein, nicht vom Stand aus mit einem „kalten" Pferd loszugaloppieren. Die Muskeln und Sehnen müssen, wie auch bei jedem Sportler, sich erst langsam erwärmen und lockern.
Setze also den Galopp gezielt ein und überfordere dein Pferd nicht. Es wird dir dafür mit jahrzehntelangen, treuen Diensten danken.

Reitest du einen Steilhang hinunter, so muß dein Oberkörper in der Senkrechten sein. Denn: Rutscht das Pferd aus, stehst du sicher auf der Erde

10. Lektion – Bergauf- und Bergab-Reiten

Pferde, ehemals als Wildpferde in den entlegensten Gegenden und Hochtälern beheimatet, sind sehr geländegängig und in der Lage, extreme und steilste Wegverhältnisse und Abhänge sicher zu bewältigen.
Da in der Reiterei oft abenteuerliche und recht gefährliche

Auch beim Reiten bergauf bleibt der Oberkörper des Reiters senkrecht. Überlasse es deinem Pferd, wie schnell oder langsam es läuft

Praktiken angewandt und gelehrt werden, ist es erforderlich, ausführlich auf das steile Bergauf- und Bergab-Reiten einzugehen.

So sehr ich Wilhelm Müseler mit seiner bis heute gültigen Reitlehre als Pferdefachmann schätze und achte, so sehr möchte ich auch vor einer seiner Theorien warnen:

Steile Abhänge soll man im sogenannten leichten Sitz, weit vorgeneigt auf dem Pferdehals, hinabrutschen.

Es ist müßig, darüber zu streiten, ob dadurch die Vorhand nicht stärker belastet ist als beim Zurückneigen. Tatsache ist, daß das Vorneigen des Oberkörpers, um angeblich die Bodenbeschaffenheit besser beobachten zu können, bei Steilabhängen ein absolut lebensgefährliches Unterfangen ist. Das Pferd, völlig aus dem Gleichgewicht gebracht, wird beim seitlichen Abrutschen oder bei einem Sturz den dabei mit Sicherheit aus dem Sattel fallenden Reiter unter sich begraben.

Beim Bergab-Reiten heißt es immer: den Oberkörper in der Vertikalen halten

Reitet man einen Steilhang hinunter, wobei das Pferd bei einem extremen Gefälle mit gestreckten Vorderbeinen auf der fast sitzenden Hinterhand hinunterrutscht, hat der Oberkörper des Reiters in der Vertikalen, also in der Senkrechten zu sein. Dabei kann es im Extremfall bis zur Berührung zwischen dem Rücken des Pferdes und dem des Reiters kommen.

Die Beine sind mit tiefem Absatz nach wie vor nach vorn gestreckt, aber etwas abgespreizt, so daß man senkrecht im Sattel steht. Rutscht nun das Pferd aus oder stürzt es, so steht nicht nur der Reiter sicher mit seinen Beinen auf der Erde, sondern er entlastet damit gleichzeitig sein Pferd. Es darf dabei auf keinen Fall mit den Zügeln festgehalten werden, denn es benötigt bei dieser schwierigen Wegstrecke dringend seinen Hals zum Ausbalancieren.

Nur in diesem Reitstil sind die wilden Reiterszenen in manchen Westernfilmen, bei denen selbst steilste Geröllhänge hinuntergaloppiert wird, zu bewältigen.

Allerdings lehne ich als Tierfreund diesen Nervenkitzel total ab, weil er nur auf Kosten der Pferde geht.

Wichtig ist noch zu erwähnen, daß Abhänge möglichst senkrecht angegangen werden sollen. Es ist viel ungefährlicher, eine steilere Wegstrecke in Kauf zu nehmen, als beim Schräggehen zu riskieren, daß das Pferd seitlich abrutscht und dadurch stürzt.

Das Pferd hat von sich aus den Drang, Abhänge langsam und vorsichtig anzugehen. Das Beste ist tatsächlich, dem Pferd zu vertrauen, das Tempo dem Instinkt des Tieres zu überlassen und das Pferd nicht mit störenden Paraden aus dem Gleichgewicht zu bringen.

Beim Bergaufwärtsreiten bleibt der Oberkörper ebenfalls senkrecht zur Erde hin. Je steiler die Wegstrecke ist, desto mehr wird der Oberkörper in die Richtung des Pferdehalses geneigt, um diesen bei ganz steilen Aufgängen sogar als Halt umfassen zu können. Es muß vermieden werden, daß man die Beine am Pferdeleib festklemmt, ebenso wie Reißen, Ziehen oder Festhalten an den Zügeln. Die Stütze des Sattelhorns ist für den Reiter dabei sehr hilfreich.

Beim Bergauf-Reiten mußt du vermeiden, daß deine Beine am Pferd festklammern

Bei dieser Gelegenheit muß ich aber betonen, daß der Griff zum Sattelhorn lediglich in diesem Extremfall oder als Zugeständnis beim Leichttraben auf harten Pferden und beim Aufsteigen erlaubt ist.

Eine weitere Ausnahme sei jedoch noch genehmigt: Wenn man auf dem Gipfel eines Hügels auf dem Pferd sitzt, darf man den Ellbogen auf dem Sattelhorn und den Kopf lässig in die Handfläche stützen, um versonnen zum Horizont zu blicken. Eine ungemein fotogene Pose, die in keinem Fotoalbum fehlen darf.

In allen anderen Fällen und Gangarten jedoch verhindert der Griff zum Sattelhorn das Sitzen im Gleichgewicht. Dadurch wird auf alle Fälle das Gleichgewicht des Pferdes gewaltig gestört. Eine Untugend, die man oft sieht.

Erklimmt es einen Hang nach oben, wird das Pferd immer bestrebt sein, eine schnellere Gangart, oft bis zum kräftigen Galopp, einzuschlagen.

Von einer unkontrollierten Galoppade abgesehen, überlasse ich auch hier mit langem Zügel die Geschwindigkeit im Hang dem Instinkt des Pferdes. Es weiß in der Regel viel besser als der Reiter, welchen Schwung es zur Bewältigung des steilen Weges benötigt.

Bei schwierigem Gelände ist ganz besonders darauf zu achten, daß der Sattelgurt absolut festsitzt, um zu verhindern, daß der Sattel verrutscht oder sich das Pferd am Gurt wundscheuert.

Empfehlenswert und von mir grundsätzlich angewendet ist das Brustblatt. Es wird am Sattelgurtring eingehängt und ist eine weitere und sichere Hilfe, um das Verrutschen des Sattels nach hinten zu verhindern.

Das Bergauf- und Bergab-Reiten – es müssen ja nicht immer die hier geschilderten Extremfälle eintreten – ist gerade bei der Ausbildung junger Reiter und Pferde eine wichtige Übung, um sicher zu lernen, das Gleichgewicht im Sattel zu halten.

Gewaltlos reiten ist eine Freude für Reiter und Pferd: Die Tiere gehen am langen Zügel, die Unterschenkel der Reiter zeigen fast gestreckt nach vorn

Mit diesen zehn Lektionen zum gewaltlosen Freizeitreiten hat jeder Reiter das Handwerkszeug erworben, sich so sicher wie möglich und bei größtmöglicher Schonung des Pferdes überall im Gelände und im Straßenverkehr zu bewegen. Locker, gelöst und im Gleichgewicht im Sattel ist er nun in der Lage, ungestört die Natur zu genießen, um wieder Reserven zu tanken und den Alltagsstreß abzuschütteln. Und das, ohne ständig am Pferd „herumzuarbeiten" und das Tier so zu stören.

Bildet euer Pferd gewaltlos aus

Vorbereitung:

Beim Zureiten oder bei der Ausbildung eines Pferdes müssen wir uns noch einmal ganz deutlich vor Augen führen, daß das Pferd ein Fluchttier ist und primär aus Angst reagiert.
Das bedeutet zunächst einmal, daß wir das absolute Vertrauen dieses ängstlichen Tieres gewinnen müssen. So ist jeglicher Reitversuch oder jedes erste Aufsteigen unbedingt verfrüht, wenn dem Pferd nicht seine natürliche Angst vor dem Menschen genommen ist. Das bedeutet, man muß dem Tier so vertraut werden, daß man alle Körperteile des Pferdes anfassen kann, ohne dabei negative Reaktionen auszulösen.
Dieser geduldete und später vom Pferd auch erwünschte Körperkontakt kann bei der guten Lern- und Erinnerungsfähigkeit unverdorbener Tiere nur Stunden, bei verdorbenen Pferden jedoch Tage dauern.
Aber um einen gefahrlosen Umgang mit Pferden zu gewährleisten, ist diese Vorarbeit nicht nur erforderlich, sondern Voraussetzung für eine vernünftige Ausbildung.

Hilfsmittel:

Das wichtigste Hilfsmittel beim Umgang mit dem Pferd ist die Stimme. Ihre Klangfarbe übermittelt alle Informationen an das sensible Pferd. Sei dir dieses Instrumentes bewußt, setze es gezielt und überlegt ein und vermeide alle Unbeherrschtheiten beim Umgang mit deinem Pferd, um es nicht zu verwirren und zu verderben.
Beruhigender Tonfall nimmt ihm die Angst und schafft Vertrauen, aufmunternde Worte geben Kraft, und ein unerwünschtes Verhalten kann mit befehlender Stimme geahndet werden.
Pferdeausbildung nach meiner Art heißt, das Richtige zu belohnen und unerwünschte Reaktionen zu ahnden.
Wie in dieser Reihenfolge genannt, ist die Belohnung weitaus wichtiger als jede Bestrafung, unter der man freilich weder Schläge noch irgendwelche Quälereien zu verstehen hat.

Nähere dich beim Vertrautmachen deinem Pferd stets von vorn, am besten mit ausgestreckter Hand, in der sich eine leckere Belohnung befindet.

Die wichtigsten Hilfsmittel zur Belohnung sind Möhren, Äpfel, Brot, auf dem Markt erhältliche Pferdebelohnungen, das Tätscheln am Hals oder Leib. Mit Sicherheit schaden auch einige Stückchen Zucker nicht.
Erst das letzte und selten einzusetzende Hilfsmittel ist die Strafe.
Die Frage stellt sich, wie ein Pferd überhaupt human auf ein nicht gewünschtes Verhalten aufmerksam gemacht werden soll, wenn Reitgerte, scharfe Sporen und schmerzhafte Zäumung übliche Gebrauchsmittel zum herkömmlichen Reiten sind?
Die Antwort ist einfach: Bei guter und humaner Ausbildung eines Pferdes genügt als Strafe ein lautes Wort, ein Stoß mit dem sporenlosen Absatz oder eine gezielte Parade am Halfter, die gottlob nicht auf das weiche, empfindliche Maul wirkt.
Das Pferd reagiert allein auf den Unterschied. Wenn ich mit angezogenen Zügeln beim Reiten das Pferd abstumpfe, wird mir die Kraft fehlen, es im Galopp durchzuparieren.
Mit je weniger Hilfsmitteln du ein Pferd reitest, um so geringere Anstrengungen sind nötig, dich durchzusetzen.
Dank der gewaltlosen Ausbildung wird es sich gern in freudiger Erwartung eines kleinen Lohns deinem Willen freiwillig unterordnen.
Nachdem uns nun die Hilfsmittel zur Ausbildung eines Pferdes bekannt sind, stellt sich die grundlegende Frage, was man unter Ausbildung überhaupt versteht.
Der Sinn einer Ausbildung ist es, die Veranlagungen und das artgerechte Verhalten zu fördern oder zu lenken, um

zu erreichen, daß das Pferd beim Reiten deinen Wünschen entsprechend reagiert. Ich erziele diesen Effekt eben, indem ich gewünschte Reaktionen belohne und unge-wünschte bestrafe. Es ist unbestritten, daß die Methode, mit Belohnung zu arbeiten, weit erfolgreicher ist. Sie wird von vielen heute noch immer gewaltig unterschätzt, und man ist oft der Ansicht, daß man mit Bestrafungen viel mehr erreicht.
Alle großen Dressurleistungen, die Menschen so oft verblüffen, basieren auf Belohnung. Und wer die Hengste-Show von Zirkusdirektor Knie, einem Mitstreiter für die gewaltlose Ausbildung, gesehen hat, weiß, was ich meine. Wie diese kraftvollen Hengste anscheinend spielerisch gehorchen, das beweist, was mit dieser Methode alles erreicht werden kann.
So machen mich auch Fragen von „Pferdefachleuten", denen ich manchmal bei meinen Auftritten begegne, fassungslos. Zum Beispiel, ob Spitzbub eine Beruhigungsspritze erhalten habe. Nur weil er sich frei und friedlich, mit Gummischuhen an den Hufen, unter 500 oder mehr Menschen über das Parkett einer Stadt- oder Konzerthalle bewegt. „Nein", sage ich dann zu den völlig Verblüfften, „er freut sich nur auf eine Leckerei nach dem Auftritt!"
Daß er bei der Show sich auch nicht von der Musik stören läßt, ist unschwer zu erkennen: Er macht keinerlei Anstalten, den Saal zu verlassen, was bei einem Fluchttier bei Angst oder unangenehmen Empfindungen die logische Folge wäre.
Das ganze „Geheimnis" ist überhaupt keins. Aber diese „Pferdefreunde", die ihre Tiere mit Peitschen traktieren, können (oder wollen?) einfach nicht begreifen: Spitzbub bringt Menschen und Musik nicht mit Schmerz, sondern nur mit guten Erfahrungen in Verbindung. Also stören ihn auch große Menschenansammlungen nicht, denn bei diesen Veranstaltungen fallen ja immer einige Leckereien für ihn ab.

Das Vertrautmachen

Vor dem ersten Ritt muß man mit dem Pferd so vertraut sein, daß man es überall anfassen kann und es jeden Kontakt ohne Scheu duldet

Genug der Theorie – gehen wir zur praktischen Ausbildung über.
Nähere dich beim Vertrautmachen deinem auszubildenden Pferd stets von vorn, am besten mit ausgestreckter Hand, in der sich eine Belohnung befindet. Sprich dabei leise, beruhigende Worte, damit es den Klang deiner Stim-

me mit positiven Erfahrungen in Verbindung bringt. Halte ihm die Leckerei aber nicht gleich unter die Nase, sondern laß es den letzten kleinen Schritt selbst tun, damit es lernt, daß sein Kommen belohnt wird.
Während du es nun langsam am Stallhalfter nimmst, was es während der Ausbildung immer zu tragen hat, reiche ihm eine weitere Möhre, um ihm auch mit dem Anfassen seines Kopfes eine angenehme Erinnerung einzuprägen. Dies muß immer von deiner Stimme begleitet sein, die auch dann einen beruhigenden Einfluß haben muß, wenn du dich deinem Pferd von hinten näherst. Das sollte anfangs allerdings vermieden werden.
Schon nach wenigen Malen, bei denen du dich mit einer Belohnung genähert hast, werden auch scheue Tiere gelernt haben, dir entgegenzukommen.
Beginne nun, es mit deinen Berührungen vertraut zu machen, an Körperstellen, an denen es Zärtlichkeiten liebt und die du beim Halten des Pferdes am Stallhalfter erreichen kannst: Hals, Brust, Stirn und Widerrist. Vermeide dabei vorerst kritische Punkte wie Ohren, Bauch und das Maul, an dem grundsätzlich nicht herumgespielt werden soll, um das Pferd nicht zum späteren Zwicken oder Beißen zu verleiten.

So schaffst du Kontakt zu deinem Pferd und gewinnst sein Vertrauen

Wenn es deine ersten Berührungen angenommen hat, kannst du beginnen, diese auf kritischere Zonen auszudehen, wie zum Beispiel Vorderbeine, Bauch, Rücken – bis zur Hinterhand.
Dabei wird das Pferd immer noch am Halfter gehalten. Sollte es trotz sanfter Stimme unwillig reagieren, indem es versucht, nach dir auszutreten oder zu beißen, darf auf keinen Fall versucht werden, das Pferd mit einer Belohnung zu beruhigen.
Es würde dieses aus unserer Sicht falsche Verhalten als belohnungswürdig betrachten – wir hätten genau das Gegenteil erreicht.
Zeige ihm mit einer klaren befehlenden Stimme sein Fehlverhalten. Belohne es aber mit Stimme und Möhre dann sofort, wenn es diese Berührung zum ersten Mal duldet.
Verzage nicht, wenn du nicht sofort Erfolg hast. Gönne ihm einige Zeit, dich kennenzulernen. Bei der gesamten Ausbildung sind kleine Schritte und viel Geduld erforderlich, was jedoch lebenslänglich belohnt wird.
Wie wenige Pferde sind tatsächlich frei von teilweise recht gefährlichen Untugenden, Folgen von harter, unduldsamer und nur auf Strafen basierender falscher Ausbildung.

Spitzbub fühlt sich wohl bei Menschen und Musik. Schließlich weiß er ganz genau, daß bei unseren Auftritten immer einige Leckerbissen abfallen

Wenn dein ängstliches Pferd erst gelernt hat, daß von dir, deiner Anwesenheit, deinen Berührungen keine Gefahr ausgeht und du ihm dazu die nötige Zeit zur Gewöhnung an dich geschenkt hast, wird sich deine Geduld bei allen anderen Ausbildungsschritten bezahlt machen, weil keine Probleme mehr auftreten.

Wichtig ist, sich dabei noch einmal der Erkenntnis des großen Reiters Freiherr v. Langen zu erinnern, die über allem steht, wenn du mit Pferden zu tun hast: „Dein Pferd weiß um dich."

Gehe ohne zu zagen und gradlinig auf das Tier zu, behandle es ruhig, aber bestimmt, denn jede Angst deinerseits würde sich sofort auf dieses sensible und feinfühlige Wesen übertragen.

So wird es auch ganz schnell lernen, die Beine anzuheben, wenn als Dankeschön eine Belohnung winkt.

Beginne zuerst mit den Vorderbeinen. Laß dich beim Aufheben der Hinterbeine auf keine Kraftprobe mit deinem Freund ein, du würdest mit Sicherheit verlieren. Manche Pferde haben die Angewohnheit, beim Aufheben eines Hinterbeines ihr nicht unerhebliches Gewicht auf dich zu verlagern.

Merke: Druck erzeugt Gegendruck!
Kämpfe also nicht dagegen an, weil du meinst, dein armes Pferd würde mit drei Beinen umfallen und du müßtest ihm helfen, sein halbes Gewicht zu tragen. Es fällt nicht. Ziehe ihm das belastete Bein ruhig noch weiter heraus, und du wirst feststellen, wie schnell der scheinbar „Kraftlose" sein Gewicht wieder auf seinen drei ihm verbleibenden Beinen ausbalanciert, um nicht mit dem Stallboden Bekanntschaft zu machen.
Erst wenn volles Vertrauen und Vertrautsein da ist, dein Pferd deine Anwesenheit nicht nur duldet, sondern dank der guten Erfahrungen mit deinen Belohnungen sucht, wenn du selbst die Hinterbeine gefahrlos umarmen kannst, können wir mit dem Reiten beginnen.

Auflegen des Sattels

Bevor ich dem Pferd den Sattel auf den Rücken lege, mache ich das Tier mit diesem seltsamen, ihm fremden Gebilde zunächst einmal vertraut.
Es bekommt eine Möhre. Dann zeige ich ihm den Sattel und lege ihn behutsam mit beruhigender Stimme auf den Rücken. Duldet das Pferd diese Aktion, wird es gleich noch einmal belohnt.
Übe dieses Auflegen von Sattel und Decke zunächst häufiger, um dem Pferd die normale Angst vor jedem neuen Gegenstand zu nehmen. Erst dann kann man es an das anfangs unangenehme Gefühl gewöhnen, wenn der Sattelgurt strammgezogen wird. Befestige ihn zunächst einige Male leicht – Belohnungen nicht vergessen – bis du den Gurt soweit anziehen kannst, daß der Sattel auch bei Bewegung nicht mehr verrutschen kann.
Führe dein Pferd nun längere Zeit, damit es sich mit dem ungewohnten Gepäck auf dem Rücken vertraut machen kann. Du ersparst dir damit Schwierigkeiten beim endgültigen Strammziehen des Gurtes. Dieser muß beim Reiten immer fest angezogen sein, damit, wie gesagt, der Sattel nicht verrutscht und das Pferd sich am Rücken nicht wundscheuert.
Da ich meine Pferde mit Stallhalfter reite, um ihnen nicht mit schmerzenden Eisenstangen im Maul das gewonnene Vertrauen wieder zu nehmen, bringe ich ihnen zunächst vom Boden aus das Durchparieren und Anhalten auf eine gegebene Parade bei, bevor ich versuche, in den Sattel zu steigen.

So wirst du feststellen, daß dein Pferd bereits nach wenigen Übungen auf das leichteste Annehmen der Zügel bereit ist, Gehorsam zu leisten, wenn dies jedesmal belohnt wird. Allerdings muß auch diese Parade klarlinig gegeben werden und du auf ihrer Durchführung bestehen.
Hüte dich vor jeder Inkonsequenz, setze unbedingt deinen Willen durch, sonst wird das Pferd ständig versuchen, einem Befehl auszuweichen.
Wähle daher bei der Ausbildung kleine Schritte, bei denen du sicher bist, daß sie dein Pferd ohne größere Gewaltanwendung durch dich bewältigen kann.

Das erste Aufsteigen

Nun kommt der schwierigste Moment beim Zureiten eines Pferdes – das erste Aufsteigen und Sitzen im Sattel.
Zunächst einmal muß man sich in die Psyche eines ängstlichen Fluchttieres versetzen, das zum ersten Mal in seinem Leben ein zentnerschweres, fremdes Wesen auf seinem Rücken ertragen muß. Wenn man bedenkt, daß der Rücken des Pferdes ein schutzloser Körperteil ist, der weder zur Abwehr mit den Beinen noch mit dem Gebiß erreichbar ist, so kann man die instinktive Wehr gegen den Reiter in Form von mehr oder weniger wilden Bocksprüngen schon verstehen. Auch in freier Wildbahn ist der schutzlose Rücken das Ziel der Raubtiere, wenn sie versuchen, ein Wildpferd zu reißen.
Hier zeigt sich nun, wie gründlich die Vorarbeit, das Vertrautmachen zwischen Reiter und Pferd war und ob die beruhigende Stimme des Reiters angenommen wird. Jetzt muß das ängstliche Pferd begreifen, daß von dem Reiter auf seinem Rücken keinerlei Gefahr ausgeht.
Obwohl ich den artistischen Balancekünsten der Zureiter allen Respekt zolle, halte ich nichts vom „Einbrechen" der Pferde, wenn den unvorbereiteten und nicht mit dem Reiter vertraut gemachten Tieren ein Sattel und ein gnadenloser Peiniger aufgezwungen wird. Gnadenlos, weil die Tiere gebrochen und zu Tode erschöpft den Menschen auf dem Rücken akzeptieren müssen.
Gefährlich ist bei dieser Brechstangenmethode auch, daß dem Pferd beigebracht wird, sich von dem ungeliebten Ballast auf dem Rücken wieder befreien zu können. Denn: Die allermeisten Reiter fallen bei dieser Methode in den Sand, nur ganz wenige bleiben oben. Und für später bedeutet diese falsche Erziehung: Besonders in unerwarteten

Laß dich beim Aufheben der Hinterbeine auf keine Kraftprobe ein, wenn dein Pferd das Gewicht auf dich verlagert. Zieh das Bein weiter heraus

Momenten wird das Pferd immer wieder versuchen, seinen Reiter abzuwerfen.
Um wieder zu unserer Praxis zu kommen – es muß beim ersten Aufsteigen auf alle Fälle jemand helfen. Seine Aufgabe ist es, das Pferd am Halfter zu halten und zum Stehenbleiben zu veranlassen, wenn die Zügel übergestreift sind.
Es wäre nun falsch, sich sofort in den Sattel zu schwingen, denn das Pferd muß sich zunächst einmal an das Gewicht, das auf ihm lastet, gewöhnen.
Der beste Weg dazu führt, indem man den rechten Oberarm über den Sattel legt und nun langsam das Gewicht des Oberkörpers darauf verlagert. Wird dies geduldet, kann der nächste Schritt getan werden.
Der Fuß kommt in den linken Steigbügel. Mit den Händen an Sattelhorn und Sattellehne versucht man nun, das Gewicht kurzfristig auf den Steigbügel zu übertragen. Die Hilfsperson an der anderen Seite des Pferdes hat mit der rechten Hand das Halfter, mit der linken den Steigbügel zu stützen, damit das Gewicht des Reiters nicht zu einseitig auf das Pferd wirkt. Erst wenn das Pferd den auf Sattelhorn und Lehne abgestützten, im linken Steigbügel stehenden Reiter duldet, wird das rechte Bein langsam über den Sattel gehoben, ohne die Kruppe zu berühren. Langsam und sachte setzt man sich dann in den Sattel.
Auch auf die Gefahr hin, euch schrecklich auf die Nerven zu gehen, möchte ich noch einmal wiederholen, daß die vertraute und angstnehmende Stimme eine unentbehrliche Hilfe ist und nur so das gefährliche Bocken vermieden werden kann.
Einmal aufgesessen, vermeide man jegliche Verspannung im Sattel, denn ein möglichst normales und ungezwungenes Verhalten überträgt sich vorteilhaft auf das sensible Pferd. Mit dem Gefühl, sprichwörtlich keine Gefahr im Nacken zu haben, wird es den Sitz des Reiters auf dem Rücken schneller dulden.
Ich bin ganz bewußt so ausführlich und detailliert auf dieses erste „In-den-Sattel-Setzen" eingegangen, weil vor ihm so viele Pferdebesitzer berechtigte Angst haben.
So viele Unfälle sind dabei schon passiert und so viele Pferde für immer verdorben worden! Wie kann man nur Pferde zum Zureiten in fremde Hände geben? Man bezahlt dafür viel Geld und läuft dabei noch große Gefahr, daß das Pferd verdorben wird. Denn es wird, herausgerissen aus seiner gewohnten Umgebung, allzu leicht negative Erfah-

rungen machen. Gerade dann, wenn das sensible Fluchttier die schwierigste Lektion zu erlernen hat, den vertrauten Menschen und die gewohnte Stimme am meisten benötigt, wird es unverständlicherweise ihm unbekannten Menschen zur „Bearbeitung" übergeben.
Es gehört überhaupt kein großes reiterliches Können dazu, sich das erste Mal gefahrlos in den Sattel zu setzen. Nur großes Verständnis und Wissen über das artgerechte Verhalten des Pferdes ist erforderlich.
Ich setze die Liebe zu dieser herrlichen Kreatur bei Freizeitreitern als selbstverständlich voraus.
Bei den vielen von mir schon zugerittenen Pferden kann ich mich an keinen einzigen Problemfall, an nicht eine „bockende Cowboy-Show" erinnern.
Ich gönne nicht nur meinen Freunden, den Pferden, eine angemessene Angewöhnungszeit, sondern auch mir meine Gesundheit. Auf gebrochene Schlüsselbeine und noch schwerere Verletzungen lege ich keinen gesteigerten Wert. Mit etwas Vernunft und Einfühlungsvermögen läßt sich dies auch leicht vermeiden.

Die Schenkelhilfe

Es gilt nun, dem unerfahrenen Pferd klarzumachen, daß das Anlegen des Unterschenkels hinter dem Sattelgurt das Kommando zum Vorwärtsgehen bedeuten soll. Zunächst weiß es mit diesem ungewohnten und anfangs unangenehmen Drücken in der Flanke überhaupt nichts anzufangen. Darum ist auch beim Lernen der Schenkelhilfe wieder eine Hilfsperson unerläßlich, die das Pferd anführt. Sonst könnte es womöglich aus begreiflicher Angst vor dem Druck in der Bauchgegend unerwünscht reagieren.
Man legt zunächst mit leichtem Druck die Unterschenkel mit tiefem Absatz an den Leib hinter dem Sattelgurt und unterstützt dies mit aufmunternder Stimme. Gleichzeitig wird das Pferd vom Helfer am Halfter angeführt.
Beim gehorsamen Vorwärtsschreiten gehen die Schenkel des Reiters sofort wieder in die Ausgangsstellung zurück und entlasten damit das Pferd.
Bei langsam zu reduzierenden Hilfen zum Anführen wird dies in Ruhe nun so oft wiederholt, bis das Pferd die auffordernde Schenkelhilfe verstanden hat. In der Regel wird dies nach zehn bis zwanzig Übungen der Fall sein.
Auch hierbei ist es wieder wichtig, das Tier nach der ersten angenommenen Schenkelhilfe zu belohnen.

Den Unwillen beim Anlegen des Schenkels wird es schnell verlieren, hat das Pferd erst gelernt, daß der Druck in der Seite die Aufforderung zum Vorwärtsgehen bedeutet.
Um es noch einmal deutlich zu machen: Es ist absolut wichtig – und nicht nur bei der Ausbildung –, daß sämtliche Hilfen sofort beendet werden, wenn das Pferd Gehorsam zeigte. Selbstverständlich wird beim Anreiten der Zügel leicht durchhängend geführt, um den Weg nach vorn zu öffnen.

Die Parade oder das Anhalten

Die Parade ist eine Übung, die dem Pferd gleichzeitig mit dem Anreiten beigebracht wird. Zur Unterstützung der Parade zum Anhalten kommt nun die treibende Kreuzhilfe des Reiters hinzu, die man zunächst ganz vorsichtig anwendet. Dabei wird durch den angespannten Rücken, wie beim Schwunggeben auf einer Kinderschaukel (siehe Anleitung zum gewaltlosen Freizeitreiten im vorigen Kapitel), das Pferd in die aufgenommenen Zügel getrieben, bis die Parade wirkt.
Alle Übungen sind mit leichten, weichen Hilfen zu geben, denn man hat es beim Zureiten eines Pferdes mit einem unverdorbenen Pferd zu tun, das noch nicht durch harte Hilfen abgestumpft ist.
Selbstverständlich werden die einzelnen Lektionen so lange im Schritt erlernt, bis alle Hilfen gehorsam angenommen werden. Anfänglich falsche Reaktionen im Schritt sind viel humaner zu korrigieren als beim zu frühen Trab oder

Die Parade muß über das Kreuz und das Gesäß des Reiters auf den Rücken des Pferdes wirken. Die Rückenanspannung ist hier deutlich zu erkennen

Galopp. Bei diesen schnelleren Gangarten ist es viel schwieriger, auf ein ungehorsames Pferd einzuwirken. Und dann besteht die Gefahr, daß das Pferd lernt, sich gegen gegebene Hilfen durchzusetzen. Das darf aber auf keinen Fall passieren!
Trab oder gar Galopp unter dem Bereiter sind bei der Ausbildung zum Lösen der Pferde nicht angebracht, da die Tiere sich bei vernünftiger, artgerechter Haltung, beim Weidegang oder beim Auslauf, genügend abreagieren können.

Das Abbiegen

Nach dem willigen Gehorsam beim Anreiten und der Parade folgt als nächste Übung jetzt das Abbiegen.
Das Pferd muß lernen, auf das Anlegen des äußeren Zügels und äußeren Schenkels zu reagieren. Dabei wird von ihm verlangt, daß es umlernt. Entgegen seinen Erfahrungen beim Geführtwerden, wenn bei einer Rechtswendung ein Zug des Stallhalfters nach rechts am Kopf wirkt, muß es nun diese Rechtswendung vollführen, wenn der linke Zügel an den Pferdehals angelegt wird.
Der innere Zügel, in diesem Fall also der rechte, hängt dabei völlig frei durch.
Zur Unterstützung dieses Umlernens ist der Einsatz einer stärkeren Gewichtshilfe als beim normalen Reiten üblich und erforderlich. Setzt man sie ein, wird das Pferd leicht aus dem Gleichgewicht gebracht und hat dann von sich aus die Tendenz, dies durch eine Wendung nach innen wieder auszugleichen. Eine zusätzliche Unterstützung erfährt es durch das Anlegen des äußeren Schenkels hinter dem Sattelgurt, wobei das Pferd, dem Druck ausweichend, sich ebenfalls abrundet.
Eines muß man dabei allerdings beachten: Bloß nicht mit dem Zügel ständig am Pferdehals ziehen, sondern immer nur in leichten Intervallen! Dadurch wird das Pferd animiert, den sich wiederholenden Zügeldrücken am Hals auszuweichen. Dabei kann es zum besseren Verständnis der Lektion in der ihm bis dahin vertrauten Weise mit der inneren Hand und dem inneren Zügel leicht angeführt werden. Dies soll das Pferd dazu verleiten, die gewünschte Richtung anzunehmen.
Diese Übung muß auf alle Fälle durch die äußere Zügelhilfe veranlaßt werden, mehr jedoch noch mit der stärker zum Einsatz gebrachten Gewichtshilfe.

Schon nach kurzer Zeit wird das Pferd diese neue Situtation verstanden und, durch Belohnung bei richtiger Ausführung, auch schnell in sein Verhalten aufgenommen haben. Die Gewichtshilfen können dann wieder auf die normale Stärke reduziert werden.

Hat das Pferd nun die Hilfen zum Abbiegen erlernt, folgen die wichtigsten Übungen zum Einreiten. Das Pferd soll ja lernen, mit seinem neuen Reiter im Gleichgewicht zu gehen. Diese Übungen sind wichtig für die Geschmeidigkeit des Pferdes, aber auch für seinen absoluten Gehorsam. Es muß auf die bis dahin gelehrten Hilfen fein reagieren.

Übungen, die für die Geschmeidigkeit und den Gehorsam wichtig sind

Am besten werden die folgenden Übungen in einem rund 25 Meter großen Kreis trainiert.

Hier beginnen wir mit den Volten, also Kreisen im Durchmesser von zwei bis drei Metern, gehen über auf Schlangenlinien und Kehrtwendungen. Dabei wechseln wir immer wieder auf die andere Hand, von rechts nach links und von links nach rechts.

Auch Paraden zum Anhalten, Anreiten und das Umreiten von aufgestellten Hindernissen, beispielsweise Fässern, müssen in ständig wechselnder Reihenfolge geübt werden. Dies dient dazu, das Pferd bei ständiger Umstellung von rechts nach links, unterstützt durch deutliche Gewichtshilfe, Schenkel-, Kreuz-, und Zügelhilfe, geschmeidig und durchlässig zu machen. Ihr solltet die Wichtigkeit dieser Übungen auf keinen Fall unterschätzen.

Wenn diese Trainingseinheiten korrekt ausgeführt werden, erreicht man bereits nach wenigen Lektionen – dreißig Minuten sollen anfangs nicht überschritten werden – ein williges Reagieren auf die leichtesten Hilfen. Wenn selbst Wendungen um 360 Grad willig ausgeführt werden, ist das Pferd im Grunde zugeritten.

Die schnelleren Gangarten wie Trab und Galopp stellen an das Tier keine weiteren großen Lernanforderungen, sieht man vielleicht vom Angaloppieren aus dem Stand einmal ab.

Doch auch dies wird mit den dazu nötigen Hilfen ohne größere Probleme gelernt. Das Pferd wurde ja bereits im Schritt damit vertraut gemacht.

Beim Trab ist anfangs darauf zu achten, einen möglichst ruhigen Arbeitstrab anzuschlagen. Denn man muß die Bewegungen aussitzen können, ohne dem jungen Pferd ständig in den Rücken zu fallen. Das heißt in der Praxis: Den Oberkörper nimmt man in eine tiefere Rückenlage zurück. So ist es leichter, das Schwingen des Pferderückens nach

Pferde lieben es, mit stampfenden Hufen durch Wasser zu gehen

vorn und oben auszusitzen, und es bleibt eine ständige Verbindung zwischen Pferderücken und Gesäß bestehen. Ebenso solltet ihr beim Galopp mit leichten Paraden darauf achten, daß das Pferd sich anfangs mit einem ruhigen Galopp an das Gewicht des Reiters gewöhnt, ohne seine Balance zu verlieren.

Im langsamen Galopp wird das Pferd die Paraden leichter annehmen und ihnen gehorchen. Erst dann kann das Tempo langsam gesteigert werden.

Mit diesem Rüstzeug ist das Pferd für die kommenden Anforderungen im Gelände für das gewaltlose Freizeitreiten ausgebildet.

Mach das Pferd mit fremden Dingen vertraut

Nun gilt es, das Pferd ruhig, besänftigend und belohnend mit all den Dingen vertraut zu machen, denen es draußen beim Reiten in der Natur begegnet.

Dabei muß sich der Reiter, wie schon betont, bewußt sein, daß er ein ängstliches Fluchttier an unbekannte Dinge gewöhnen muß.

Das Pferd wird jetzt versuchen, allen fremden und ihm gefährlich erscheinenden Gegenständen auszuweichen oder einfach zu stoppen.

Hütet euch davor, dies auch nur als geringsten Ungehorsam anzusehen. Es ist nichts anderes als die natürliche Angst eines Fluchttieres vor Unbekanntem.

Hütet euch auch davor, dem Pferd jetzt Schmerzen zuzufügen und es mit Gewalt, sprich Peitschen oder Sporen, an diesen Hindernissen vorbeizutreiben. Es wird sie sonst ein Leben lang mit Schmerzen und negativen Erfahrungen in Verbindung bringen und das nächste Mal noch stärker scheuen.

Hier gilt es, in möglichst kleinen Ausbildungsschritten vorzugehen.

So gibt es beispielsweise Pferde, die eine große Scheu vor Wasser haben. Da man jedoch im Gelände beim Durchreiten von Bächen immer mit Wasser in Berührung kommt, ist es erforderlich, wasserscheue Pferde an dieses Element zu gewöhnen. Ist es doch eines der größten Vergnügen, die Pferde mit stampfenden Vorderhufen das aufspritzende Wasser genießen zu lassen. Übrigens sind Pferde auch gute Schwimmer. Flach im Wasser liegend kann man sich an ihrer Mähne mitziehen lassen.

Es wäre nun falsch zu versuchen, ein wasserscheues Pferd

sofort und mit Gewalt in den Fluß zu treiben. So überfordert, würde sich seine Scheu nur vergrößern. Besser ist es, man beginnt erst einmal mit kleinen Pfützen und steigert dann mit seichten Wasserstellen die Anforderungen – langsam, bis der Kontakt mit dem Wasser ohne Scheu angenommen wird. Für jeden Gehorsam gibt es auch hier entsprechende Belohnungen.
Erfahrungsgemäß sind die anfangs am wasserscheuesten Pferde später oft kaum mehr aus diesem Element herauszubringen, wie folgende kleine Geschichte beweist.
Wir waren vier Personen, die eine dreitägige Reittour genossen. Bei diesem Ritt galt es auf einmal, einen Fluß zu überqueren. An einer flachen Stelle, die den Pferden bis an den Bauch reichte, wagten wir unser Unterfangen. Denn wir wußten, daß das Pferd eines meiner Kameraden recht wasserscheu war. Dieses Tier nahmen wir in die Mitte und ritten in die Furt.
Der Herdentrieb war stärker – es folgte tatsächlich, zumal es keine Möglichkeit zum Ausweichen hatte. Auf einmal stand das Pferd, ehe es sich versah, bis zum Bauch im Wasser. Die Freude seines Besitzers über diese Premiere verflog jedoch schnell: Das Pferd hatte scheinbar das neue Element plötzlich ins Herz geschlossen. Es legte sich ins Wasser, um sich mit Sack, Pack, Sattel und Reiter wollüstig darin zu wälzen.
Unserem nassen Kameraden verging das Lachen natürlich sofort. Dafür lachten wir um so herzlicher. Ihr wißt ja: Schadenfreude ist die reinste Freude.

Gönnt euch und eurem Pferd genügend Zeit

Man sollte sich und dem Pferd wirklich genügend Ausbildungszeit gönnen, um ihm neue Dinge, vor denen es scheut, in Ruhe zu zeigen und es mit Belohnungen an sie zu gewöhnen. Dies spart auf alle Fälle mehr Zeit und ist erholsamer, als sich jahrelang mit schnell angenommenen Unarten auseinandersetzen zu müssen, die durchwegs nur auf falschem Training basieren.
Grundsätzlich gilt es, beim Zureiten eines jungen Pferdes einen Rat des bereits erwähnten Professor Bernhard Grzimek zu befolgen: Er fordert, bei der Ausbildung und Haltung eines Tieres sich als Überlegener, logisch Denkender auf das Tier einzustellen. Man kann nicht erwarten, daß das Tier in der Lage ist, den Menschen zu verstehen, sondern man muß sich die Mühe machen, das Tier in seiner

natürlichen Lebensform kennenzulernen und dessen Reaktionen davon abzuleiten.
Nur so ist jedes Tier berechenbar, denn es kann nur in der Art und Weise reagieren, wie es seine Veranlagung zuläßt.
Tierbezogen zu denken ist eine kleine Mühe, die uns unser Freund Pferd, der uns so viel Freude bereitet, wert sein sollte.

Die artgerechte Haltung

Bewegungstier Pferd

Die richtige Unterbringung und Pflege der Pferde ist nicht nur wichtig für das Wohlbefinden der Tiere, sondern sie wirkt sich auch wesentlich auf ihre Verhaltensweise beim Reiten aus. Somit ist die artgerechte Haltung des Pferdes ein wichtiges Thema in diesem Buch.
Leider wird aus großer Unkenntnis heraus bei der Haltung oft Entscheidendes versäumt und die Pferdepflege zum Unbehagen des Tieres häufig übertrieben.
Ich muß auch hier noch einmal die Worte zitieren, die mir Grzimek bei einem persönlichen Gespräch ans Herz gelegt hat:
„Bei richtiger Tierpflege muß man bereit sein, das natürliche Verhalten des Tieres zu ergründen und es dann so art- und naturgerecht wie möglich zu halten und zu versorgen. So ist es Tierquälerei, wenn den Hennen in der Massentierhaltung in ihren engen Käfigen die Ausübung des Instinktes, wie beispielsweise des Scharrens, genommen wird. Genauso unwohl fühlt sich eine weiße Maus in Gefangenschaft, die keine Möglichkeit hat, sich in einem Loch oder einer Höhle zu verkriechen."
Zur Pferdehaltung macht er diese Aussage: „Das Pferd als Bewegungstier benötigt zu seinem Wohlbefinden täglichen Auslauf. Pferdehaltung ohne täglichen Auslauf ist Tierquälerei!"
Harte, aber wahre Worte, wenn wir in Betracht ziehen, wie viele Pferde jahrelang in Boxen gehalten werden. Dort stehen sie oft dreiundzwanzig Stunden, um dann eine winzige Stunde in der Halle oder auf dem Reitplatz – womöglich noch mit Hilfszügeln ausgebunden – geritten zu werden. Oft stehen sie gar drei oder vier Tage in Boxen von neun bis zwölf Quadratmetern und warten sehnsüchtig auf ein bißchen Bewegung unter dem Reiter.
Wen wundert es dann, wenn diese Pferde nach dreitägiger Untätigkeit förmlich explodieren und dann mit harten Bandagen, sprich Zäumung, zur Raison gebracht werden.
Wie wenige Pferde können sich wirklich ihrem Bedarf entsprechend frei und ungezwungen bewegen und wälzen?
Dabei müssen gar keine großartigen, weitflächigen Wiesen vorhanden sein. Es genügt eine Koppel mit Sandplatz, wo

die Pferde mit langem Hals und gewünschter Gangart ihren Bewegungstrieb abreagieren können. Dies ist bei etwas gutem Willen sicherlich fast überall machbar, wo Pferde gehalten werden.
Dabei kommt dieser ausreichende Auslauf der Reiterei in hohem Maße zugute. Pferde mit genügend Bewegung sind beim Reiten ausgeglichen und nicht verspannt. Es gibt beim Aufsteigen keine Luftsprünge oder das gefürchtete Buckeln. Ausgeglichene Pferde sind viel eher bereit, sich selbst beim Englisch-Reiten zur Versammlung anzubieten, an den Hilfen zu stehen und Gehorsam zu leisten.
Und wenn ich Argumente höre, das Pferd würde beim Weidegang „auseinanderfallen", also alles Gelernte vergessen, dann werde ich zornig, so dumm ist diese Behauptung. Sie zeugt von absolutem Nichtwissen.

Pferde verlernen nie, was ihnen ihr Reiter einmal beigebracht hat

Dank ihres guten Gedächtnisses verlernen Pferde nie die einmal gelehrten Lektionen, auch bei längerer Unterbrechung des Trainings nicht. Sie sind ohne Probleme bereit, ihre Aufgaben gehorsam zu erfüllen, wenn ihr Bewegungstrieb durch täglichen Auslauf gestillt wurde.
Wenn ich beispielsweise von meinen dreimonatigen, jährlichen Winteraufenthalten aus den USA zurückkomme, werde ich oft mit Spitzbub vom Flugplatz abgeholt, weil mein geschäftstüchtiger Manager für den Ankunftstag meist schon einen Gesangsauftritt mit mir und meinem Pferd gebucht hat.
Obwohl Spitzbub drei Monate keinen Sattel, geschweige denn einen Reiter auf dem Rücken gespürt hat, bewegt er sich mit mir, ohne vorher auch nur eine einzige Minute geritten worden zu sein. Er ist gehorsam und nimmt die leichtesten Hilfen völlig ausgeglichen an, mitten zwischen 500 oder oft 1000 Menschen – so, als hätte er täglich gearbeitet. Das tut er allerdings nur, weil er seinen Bedarf an Bewegung bei täglichem ausreichendem Auslauf, auch bei Regen und Schnee, abreagieren konnte.
Besser kann diese These nicht untermauert werden.

Das Pferd, ein Herdentier

Wenn wir wiederum das natürliche Verhalten der Wildpferde betrachten, stellen wir fest, daß das Pferd als Herdentier lebt und sich einer festen Rangstellung in der Gruppe fügt. Im Gegensatz zum Hund, der sich dem Menschen enger anschließt als seinen Artgenossen, hat das Pferd sogar einen ausgeprägten Herdentrieb. Es fühlt sich in der

Gemeinschaft mit anderen Pferden, am allerwohlsten. Allerdings gibt es in jeder Herde eine Rangordnung. Jedes Pferd nimmt seinen ihm angestammten oder, besser gesagt, erkämpften Platz ein, was beim gemeinsamen Füttern und Tränken der Tiere auf der Koppel gut erkennbar ist.

Das Tier mit dem stärksten Willen ist immer das ranghöchste der Herde

Die Rangniederen werden sofort den Drohgebärden der Ranghöheren ausweichen, kampflos die besten Futterplätze räumen und ihnen den Vortritt beim Trinken lassen.

In der Regel ist nicht unbedingt das kräftigste Tier gleichzeitig das ranghöchste, sondern jenes Pferd, das den größten Durchsetzungswillen aufbietet, also das psychisch stärkste ist.

Dies wird meist lediglich durch Drohgebärden zum Ausdruck gebracht, so daß selten Verletzungen bei der Rangeinordnung entstehen. Vorausgesetzt natürlich immer, daß genügend Platz zum Ausweichen des Unterlegenen vorhanden ist. Diese Regeln gelten freilich nur für den gemeinsamen Weidegang von Stuten und Wallachen, also kastrierten Hengsten. Hengste in eine Herde zu integrieren, ist meist nicht zu empfehlen.

Bei dieser Gelegenheit ist anzufügen, daß ein Wallach das ausgeglichenste Pferd ist, nicht so schwierig und vom Reiter Dominanz fordernd wie ein Hengst, aber auch nicht so launisch wie manche Stute.

Der Reiter jedoch, der Eigenschaften sein eigen nennt wie Geradlinigkeit, Korrektheit, Güte und Konsequenz, der mutig bereit ist, immer wieder seine Vorrangstellung dem Pferd gegenüber zu beweisen, der kann ihn reiten, den ungebrochenen Hengst. Dann besitzt und empfindet er den Stolz der ganzen Welt.

Hengste sollte man, wie schon angesprochen, möglichst nicht zu Stuten oder Wallachen auf die Koppel bringen. Stuten und Wallache dagegen gewöhnen sich in kurzer Zeit ohne größere Probleme aneinander.

So ist es auch überhaupt keine Schwierigkeiten, eine Stute nach der Geburt ihres Fohlens mit ihrem langbeinigen und unbeholfenen Nachwuchs wieder in die Herde zurückzubringen. Die Stute wird dank ihres Muttertriebes mit eindeutigen Drohgebärden peinlichst darauf achten, daß kein anderes Pferd ihrem Sprößling zu nahe tritt.

Dies wird von allen anderen Pferden sofort respektiert. Selbst ranghöhere Pferde sind dem Beschützertrieb einer Mutterstute nicht gewachsen und werden vorsichtig, im respektvollen Abstand, den herumtollenden Herdenzuwachs beäugen.

Die Stute achtet sehr darauf, daß niemand in der Herde ihrem Fohlen zu nahe tritt

So wie jedes neue Pferd sich in die Herde eingliedern muß, muß auch der Mensch seine Stellung den Pferden gegenüber behaupten, was ich schon beim Kapitel „Die Psyche des Pferdes" angesprochen habe.

Der Pferdestall

Die ideale Pferdehaltung, die dem natürlichen Leben der Pferde in der Freiheit am nächsten kommt, ist ohne jeden Zweifel die Offenstallhaltung. Hierbei wird es den Pferden freigestellt, nach Belieben auf den Koppeln zu grasen oder im ständig offenen breittürigen Stall Schutz vor Fliegen und Unwetter zu suchen.
Temperaturen unter dem Gefrierpunkt stellen für das Wohlbefinden des Pferdes überhaupt kein Problem dar, wenn sichergestellt ist, daß es genügend Wasser zu trinken bekommt.
Das Haarkleid, im Sommer dünn und seidig, stellt sich sofort auf kältere Temperaturen ein. Es entsteht ein dichteres, langhaariges Fell, das die Pferde gegen Kälte schützt.
Durch natürliche und gesunde Haltung werden die Tiere robust und sind überhaupt nicht anfällig gegen den in warmen, meist nicht ausreichend belüfteten Ställen so häufig vorkommenden Husten.
Dem Pferd auch im Winter in warmen Ställen sein seidiges und glänzendes Fell zu erhalten, ist falsche Eitelkeit. Es verliert damit seinen Schutz gegen die Unwirtlichkeit der kalten Jahreszeit.
Entgegen oft vertretener Meinungen möchte ich bei dieser Gelegenheit ganz deutlich betonen, daß alle Pferderassen für diese natürliche Haltung geeignet sind – nicht nur sogenannte Robustpferde wie Haflinger, Fjordpferde oder Ponys. Selbst Vollblüter passen sich problemlos diesen Umständen an und fühlen sich dabei absolut wohl. Sie sind, wie oft vermutet wird, keineswegs empfindlich, sondern im Gegenteil äußerst harte und bei richtiger Behandlung völlig unproblematische Pferde.
Natürlich sind die Voraussetzungen für diese ideale Haltung, Offenstall mit ausreichendem Weidebetrieb, in unseren Breiten selten vorhanden.
Doch sollte man bei der Planung von Pferdeunterkünften nach Möglichkeit berücksichtigen, einen offenen Stall mit normalem Auslauf auf Sand oder sonstigem Boden zu errichten. Der Weidegang kann dann durch eine Vollfütterung von Heu oder Gras ersetzt werden. Natürlich erhöht

ein zusätzliches gelegentliches Grasen auf einer Koppel das Wohlbefinden unserer Freunde, ist es doch die natürlichste Nahrungsaufnahme. Dabei ist auch der bei jeder Witterung erforderliche Auslauf gewährleistet.
Die Erfahrung lehrt übrigens, daß gerade auch bei starken Regenfällen die Tiere nicht zu bewegen sind, im Stall Schutz gegen das Wetter zu suchen. Sie lassen sich, mit dem Rücken gegen den Wind stehend, gern und ausgiebig abregnen, was für Pferde offenbar sehr angenehm ist.
Eine geräumige Pferdebox von *mindestens* neun Quadratmetern Grundfläche muß eine ausreichende Bewegungsfreiheit während der Stallzeit gewährleisten. Auch hier sind möglichst Boxen zu empfehlen, deren Ausgang direkt ins Freie führt. Durch die meist geöffnete obere Hälfte der zweiteiligen Stalltür wird das Pferd mit der nötigen frischen Außenluft versorgt.

Auch im Stall muß ein Pferd immer genügend Platz zur Bewegung haben

In Großraumställen muß auf alle Fälle für viel frische Zu- und Abluft gesorgt werden. Vor dem schon erwähnten warmen Stall kann ich wegen der Anfälligkeit der Pferde für Krankheiten nur warnen. Dort behalten sie nämlich ihr dünnes Sommerfell auch im Winter und frieren und erkälten sich in kalten Reithallen oder bei Ausritten, was oft schlimme und langwierige Folgen hat.
Bewußt bin ich auf die Pferdehaltung in einem Stand – Gott sei's gedankt, ein immer seltenerer Zustand – noch nicht eingegangen.
Hier wird dem Pferd die Bewegungsfreiheit, die es in einer Box hat, völlig genommen: Es muß den ganzen Tag lang angebunden stehen – bei einer Standbreite von weniger als eineinhalb Metern. Natürlich fehlt ihm in dieser Enge auch die Möglichkeit zum Wälzen, und das ist für das Wohlbefinden des Pferdes unerläßlich.
Pferdehaltung in einem Stand ist ein Tabu für jeden Tierfreund und grundsätzlich ein Fall für den Tierschutzverein. Nicht nur, weil die Bewegungsfreiheit fehlt. Es sind schon viele Unfälle und Verletzungen passiert, wenn das Pferd mit den Vorderbeinen oder beim Kratzen mit den Hinterbeinen in der Kette oder im Seil festhängt und stürzt. Oft muß es stundenlang in dieser mißlichen Lage, die ihm Todesangst einflößt, ausharren. Von artgerechter Haltung kann hier wirklich nicht mehr gesprochen werden.
Bedenke, auch jetzt kann das Pferd seine Pein und das Unbehagen nicht hinausschreien. Es ist dem Menschen hilflos ausgeliefert.
Welche moralische Verpflichtung!

So müssen Koppeln und Weiden aussehen

Die oberste Stange einer Koppel sollte in 1,40 Meter Höhe sein. Zwei weitere Stangen sorgen dafür, daß die Pferde nicht durchkriechen können

Die Einzäunung von Koppeln und Weiden ist ein wesentlicher Punkt, der oft nicht beachtet wird. Denn: Bei falscher Einzäunung sind schon häßliche und tödliche Verletzungen entstanden – zumindest sind die Pferde aber ausgebrochen.

Wer hat nicht schon die Meldungen im Verkehrsfunk gehört, die mir immer wieder einen Schauer über den Rücken jagen und schreckliche Bilder vor meinem geistigen Auge ablaufen lassen. Da heißt es oft: „Autofahrer auf der Autobahn zwischen X und Y, fahren Sie bitte langsam und vorsichtig, ausgebrochene Pferde befinden sich auf der Fahrbahn."

Zu oft enden solche Unfälle nicht nur für unsere vierbeinigen Freunde tödlich...

Ein Pferd besitzt nicht das Phlegma eines Rindes, das nicht so leicht aus der Ruhe zu bringen ist. So genügt beim Weidebetrieb von Rindern ein dünner elektrischer Weidezaun. Auch der von mir ungeliebte Stacheldraht ist bei Kühen noch vertretbar, denn die merken es sich genau, wenn sie sich einmal daran wehgetan haben.

Anders das Pferd. Natürlich respektiert das sensible Tier, ruhig und friedlich grasend, normalerweise die allerleichtesten Absperrungen. Doch einmal in Flucht – was allzuleicht schon beim Nahen eines ranghöheren Pferdes zum besseren Futterplatz ausgelöst werden kann – ist das Sicherheitsdenken des Pferdes vorrangig.

Auf der Flucht wird es jeden dünnen elektrischen Weidezaun und jeden Stacheldraht ignorieren und durch dieses Hindernis hindurchrennen. Hinzu kommt, daß das Fluchttier Pferd beim Empfinden eines Schmerzes nur eine Richtung einschlägt – nach vorn!

Viele kennen das sicher: Ein Pferd drückt sich durch eine zu enge oder nicht ganz geöffnete Tür, um nach draußen zu gelangen. Je enger und schmerzhafter der zu schmale Durchlaß für das Pferd ist, um so panikartiger wird es ohne Rücksicht auf Verletzungen vorwärtsstürmen.

Ich habe sie gesehen, grausige Verletzungen. Ein durchgegangenes Pferd hatte sich den Stacheldraht tief in die Brust gerissen. Wir konnten ihm nicht mehr helfen, obwohl mein Freund, mit dem ich zu dem Unglück fuhr, einer der besten Pferdetierärzte ist, die ich kenne.

Stacheldraht in Verbindung mit Pferden ist nicht nur grob fahrlässig, sondern ein Verbrechen!

Ein gut sichtbarer elektrischer Weidezaun verhindert, daß die Pferde jenseits des Zaunes fressen und sich dabei möglicherweise verletzen

Das Pferd benötigt als Begrenzung der Koppel eine deutlich sichtbare, ausreichend hohe Einzäunung, die es trotz Fluchtgelüsten respektiert und die es in jedem Fall zum Abstoppen oder Ausweichen veranlaßt. Wirtschaftlich und preisgünstig ist diese Umzäumung aus kräftigen Fichtenstangen herzustellen, die man bei fast jedem Forstamt erhalten kann.
Die oberste Stange sollte mindestens 1,40 Meter hoch sein. Das reicht, um die Pferde am Überspringen des Zauns zu hindern.
Zwei weitere Querstangen machen den Zaun nicht nur deutlicher sichtbar, sondern unterbinden auch, daß die Tiere unten durchkriechen, was sie übrigens schnell lernen. Warum sie das tun sollten? Nun, ein altes englisches Sprichwort, das man nicht nur bei Pferden anwenden kann, sondern auch bei vielen menschlichen Schwächen, lautet:
„Das Gras jenseits des Zaunes ist immer das bessere!"
Alle Pferde haben diesen Drang. Sie knabbern oder drücken auch gern an den Stangen. Um dies zu verhindern, ist es durchaus zu empfehlen, einen zusätzlichen elektrischen Weidezaun innerhalb der Koppelstangen anzubringen. Die Industrie hat mittlerweile ein breites, weißes und leuchtendes Elektroband geschaffen, das von den Pferden respektiert wird und damit eine doppelte Sicherheit bietet. Kein allzu großer Kostenaufwand, der sich noch dazu mit dem Bewußtsein, seine Pferde sicher untergebracht zu haben, reichlich bezahlt macht.
Auf keinen Fall lohnt sich die Sparsamkeit, für die Koppel nur die dünnen Enden von Holzsstangen zu verwenden. Der Zaun sollte stets aus kräftigen Rundhölzern gebaut sein. Erstens ist die Lebensdauer länger, zweitens können zu dünne Stangen leicht vom Pferd durchbrochen und so zu gefährlichen Spießen werden.
Folgendes schreckliches Beispiel, in der Tierarztpraxis meines Freundes miterlebt, bestätigt diese grausame Wahrheit. Da dieser Unfall durch einen oft gemachten Fehler ausgelöst wurde, soll er hier beschrieben werden:
Wie hoch schlägt ein Kinderherz, wenn Pferde froh und ausgelassen auf einer Koppel zwischen saftigem Gras und bunten Blumen herumtollen. Ein lohnenswerter Ausflug vom nahen Dorf für Jungs und Mädchen, die geliebten Pferde zu besuchen und sie mit Zucker, Brot und Möhren zu verwöhnen.
Dieses gutgemeinte Füttern mit Leckerbissen kostete je-

Das Füttern am Koppelrand ist gut gemeint – und dennoch falsch. Es löst in der Herde den üblichen Kampf um die besten Futterplätze aus

doch einem dreijährigen, hoffnungsvollen Hannoveraner das Leben. Er stand den Kindern an den Koppelstangen am nächsten und erhaschte von den sieben weidenden Pferden als erster die verlockenden Möhren, die er ihnen voll Begeisterung aus der Hand fraß. Dadurch abgelenkt übersah das junge Pferd, wie sich ein ranghöheres Tier näherte, das ebenfalls auf die Leckerbissen aufmerksam geworden war. Mit Drohgebärden forderte es das noch nicht ausgewachsene Pferd auf, den Futterplatz zu räumen.
Der Dreijährige konnte diese Aufforderung jedoch nicht sehen. Darauf biß ihn das ranghöhere Pferd recht harmlos in die Flanke, um dem Recht des Stärkeren Ausdruck zu verleihen. Mit dem traurigen Erfolg, daß der dreijährige Hannoveraner, zu Tode erschrocken, blitzschnell eine Kehrtwendung machte, um zu flüchten. Dabei prallte er mit der Hinterhand gegen eine Koppelstange, die unter dem Gewicht von neun Zentnern sofort splitterte. Sie drang tief in den Körper des armen Tieres ein und brach dann ab. Ich werde mein Leben lang dieses jammervolle Bild nicht vergessen. Dieses einst so stolze, hoffnungsvolle Pferd stand da mit vorn und hinten leicht gespreizten Beinen und hängendem Kopf. Aus der Hinterhand ragte die abgebro-

chene Koppelstange. Bewegungslos blickte es uns mit stumpfen, schmerzerfüllten Augen entgegen. Bewegungslos wie seine in der Nähe stehenden, herüberäugenden Kameraden, in dem sicheren Gefühl, daß etwas außergewöhnlich Schreckliches passiert war.
Kein Schmerzlaut drang aus der Kehle dieser gequälten Kreatur, und eine tödliche Stille lag über diesem Platz des Schreckens. Nur Schweißausbrüche zeugten von der wahnsinnigen Pein, die dieses Pferd erdulden mußte.
Nach der sofortigen Untersuchung durch den Tierarzt konnte nur noch die erlösende Spritze angeordnet werden: Die Stange hatte den gesamten Körper bis zur Lungenspitze durchdrungen.
Ich schäme mich bis heute nicht meiner vergossenen Tränen, als die Augen dieses herrlichen Tieres, voll Verzweiflung hilflos auf mich gerichtet, brachen und der Tod es langsam von den fürchterlichen Schmerzen erlöste. Ich glaube nicht, daß meine tröstenden Worte und mein Streicheln ihm Linderung verschaffen konnten, aber es war alles, was ich noch für ihn tun konnte.
Ich möchte mit der realistischen Schilderung dieses schrecklichen Erlebnisses auf keinen Fall schockieren, sondern nur so deutlich und einprägsam wie möglich darauf hinweisen, daß jeder Eingriff von außen in ein eingespieltes Herdenverhalten eine Gefahr für die Tiere darstellt.
Bei aller Tierliebe: Das Füttern am Koppelrand ist in jedem Falle zu unterlassen, weil es sofort den in der Herde üblichen Kampf um die besten Futterplätze auslöst.
Ein wichtiger Hinweis auch für die Herstellung der Koppel. Es ist besser, so stabil und sicher wie möglich zu bauen, als Verletzungen oder gar den Tod eines Tieres zu riskieren.
Eine andere Art der Pferdekoppel-Einzäunung sieht man am häufigsten in Amerika. Hier werden kräftige Bretter verwendet. Vier-, oft fünffach, in kleinen Abständen querliegend untereinander oder gar dekorativ diagonal in Kreuzen angebracht, sind diese weißen Bretter nicht nur eine Augenweide für jeden Pferdefreund, sondern für das Pferd ein Weidezaun, der die größtmögliche Sicherheit vor Verletzungen bietet.
Aber nicht nur die Umzäunungen der Pferde-Ranches lassen wohl jeden Pferdebesitzer in Deutschland vor Neid erblassen. Riesige Koppeln und Weideflächen mit hohen, schattenspendenden Bäumen darin, dazu natürliche Tränken wie Bäche, Flüsse und kleine Seen bieten ein Paradies für die Pferde.

Hier sind sie tatsächlich frei und ungezwungen und können leben wie ihre Vorfahren, die Wildpferde. Beste Voraussetzungen für eine Pferdehaltung, die das Herz jedes Pferdefreundes höher schlagen lassen.
Welch ein herrliches Bild, Pferdeherden in ihrer natürlichen Umgebung frei erleben zu dürfen, umrahmt von dem tiefen, mit weißen Wolken durchzogenen Blau des Himmels – wie ich es am Pecos River in Texas erleben durfte. Weiden mit skurril geformten Kakteen, die vor den weit entfernten Bergen liegen. Bilder, die ich in einem hoffentlich noch langen Leben mit Pferden niemals vergessen werde.

Doch zurück zur Pferdehaltung bei uns. Zur Größe der Koppel ist zu sagen, daß bei Vollfütterung auf der Weide, ohne Zufütterung von Heu oder Gras, drei Pferde die Fläche von einem Hektar, also 10 000 Quadratmeter benötigen. Da dies in den meisten Fällen nicht realisierbar ist, muß die Fläche für den Auslauf entsprechend der Zahl der Pferde genügend groß sein, um einen ungehinderten Galopp zu gewährleisten und den Bewegungstrieb abreagieren zu können.

Die USA – ein Paradies für Pferde. Riesige Koppeln mit hohen, schattenspendenden Bäumen und durchfließenden Bächen sind keine Seltenheit

Nach kräftigem Ebenklopfen der Matratze wird die Box mit frischem Stroh neu eingestreut. Der sparsamste Weg ist das „Berieseln" von Hand

Zusätzlich fordert der Herdentrieb eine Möglichkeit des Ausweichens dem Ranghöheren gegenüber. So dürfen also keine Koppeln mit spitzen Winkeln und engen Stellen geschaffen werden.
Ein Zugeständnis möchte ich jedoch noch an die Pferdehalter machen, die nicht in der Lage sind, ihren Freunden große Koppelflächen anzubieten: Besser einen kleineren Auslauf mit wechselnden Pferdegruppen, als den Bewegungstrieb des Pferdes durch ausschließliche Stallhaltung zu unterbinden. Wie sagte doch Professor Grzimek: „Eine Pferdehaltung ohne täglichen Auslauf ist schlimme Tierquälerei."

Das Einstreuen im Stall

Über das richtige Einstreuen im Stall ist schon viel geschrieben und diskutiert worden. Jeder schwört auf seine Methode. So gibt es Matratzenhaltung, bei der ständig Stroh aufgestreut wird und nur drei bis vier Mal im Jahr der gesamte Mist ausgeräumt wird. Andere erneuern jeden Tag die gesamte Einstreu, viele schwören auf Torf oder Sägemehl, und die nächsten mischen alles zusammen.
Nach mehr als dreißigjähriger Erfahrung mit Pferden, immer unter Berücksichtigung des Wohlbefindens der Tiere, ihrer artgerechten Haltung sowie unter wirtschaftlichen Gesichtspunkten, ist bei täglichem Misten die Matratzenhaltung am günstigsten. Das bedeutet: Man erhält ständig eine zehn bis fünfzehn Zentimeter hohe Strohmatratze. Das birgt folgende Vorteile:

1. Die Pferde liegen weich und warm; das „Aufliegen" der Pferde auf hartem Untergrund, wenn sie die frische Einstreu weggescharrt haben, kann nicht passieren.

2. Stroh ist erst dann saugfähig und kann den Urin der Pferde aufnehmen, wenn es feinfasrig zusammengetreten und gedrückt ist. Frisches Stroh nimmt kaum Nässe auf.

3. Durch das tägliche Ausheben der nassen Stellen halte ich die gesamte Matratze trocken und geruchsfrei. Die dabei entstehenden Mulden werden mit der alten, trockenen und saugfähigen Einstreu von den äußeren Stellen der Box wieder aufgefüllt. Regelmäßig gemistete und rein gehaltene Pferde werden so sauber, daß sie ihre nassen Stellen und Mistplätze oft zentimetergenau einhalten.

Die sich ständig erneuernde Matratze ist die wirtschaftlichste und rationellste Art des Einstreuens. So bleibt der Stall geruchsfrei und sauber

4. Je häufiger man bereit ist, die frischen Pferdeäpfel mit der kurzstieligen Mistschaufel zu entfernen, um so schneller ist die Arbeit des Ausmistens getan. Die Pferde danken diesen Dienst mit besonderer Reinlichkeit. Also: Pferdeäpfel möglichst frisch und oft entfernen. Dies ist eine Arbeit von einer Minute. Ist der Mist erst einmal in das Stroh gestampft, benötigt man viel mehr Zeit.

5. Durch das Entfernen des nassen Strohs entstehen Mulden, die mit dem Altstroh von außen aufgefüllt werden. Nach kräftigem Ebenklopfen der Matratze mit der Gabel wird die gesamte Box leicht mit neuem Stroh eingestreut oder, besser gesagt, berieselt.
Der sparsamste und schnellste Weg ist dieses Berieseln mit bloßen Händen. Bei diesem System wird die Matratze durch Umwälzen des Strohs laufend stufenweise erneuert, denn es wird die gleiche Menge neu eingestreut, die naß entfernt wurde.
Hinzu kommt jenes Stroh, das vom Pferd gefressen wird, denn es liebt es, wohlschmeckende Halme und Ährenreste herauszuklauben.
Wir werden auf dieses Thema im Abschnitt „Füttern und Tränken" noch eingehen.
Ich glaube sagen zu können, daß bei Berücksichtigung der genannten sechs Punkte diese Form der Matratzenhaltung die wirtschaftlichste, geruchloseste und rationellste Art des Einstreuens ist.
Dabei solltet ihr noch bedenken, daß alle Arbeiten im Stall in einer ruhigen Atmosphäre verrichtet werden.
Ich lehne jedes Anschreien, Herumstoßen, Treten oder gar Schlagen der Tiere radikal ab. Dies löst bei den Tieren nur Angstzustände aus. Der Fluchtmöglichkeit im Stall beraubt, reagieren die Pferde ängstlich. Die Arbeit am und um das Pferd herum soll immer in einer ruhigen und sachlichen Selbstverständlichkeit erfolgen, die auch von den sensiblen Tieren grundsätzlich respektiert wird.
Erinnere dich, ein Pferd kann Spiel und Ernst nicht unterscheiden. Es wird auf alle einwirkenden Einflüsse seinen natürlichen Veranlagungen entsprechend reagieren.

Mein „sauberer" Spitzbub

Eine lustige Geschichte, die Sauberkeit der Pferde betreffend, darf ich euch nicht vorenthalten. Natürlich habe ich sie mit meinem Spitzbub erlebt.

Zunächst muß ich ihm ein riesiges Lob aussprechen. Er ist im Stall mit Abstand das sauberste Pferd, mit dem ich jemals zu tun hatte. Zentimetergenau hält er seine Mistecke ein, und auch die nasse Stelle im Stroh ist peinlich auf eine bestimmte Stelle am Rande plaziert, damit er den größten Teil seiner geräumigen Box sauber zum wohligen Liegen und Wälzen zur Verfügung hat.

So ist er auch zum Erstaunen aller Pferdekenner bei meinen Galas in Hallen und Sälen absolut sauber. Wenn man von zwei Ausnahmefällen bei der Ausbildung absieht, war er bis heute bei mehr als tausend Auftritten stubenrein, was einem Pferd nicht anerzogen werden kann. Dies ist auch ein weiterer Beweis, daß sich Pferde ohne Angst in menschlicher Gemeinschaft wohlfühlen können. Er weiß sich eben zu benehmen, in der feinen Gesellschaft zwischen Abendkleidern und Smokings, zwischen Damasttischdecken und Kerzenlüstern.

Nie hat Spitzbub mich blamiert. Bis dann dieser Bürgermeister auftauchte

Nie hat er mich blamiert – mit einer Ausnahme. Und um die dreht sich diese Geschichte.

Eines Tages flatterte eine Einladung des Südwestfunks zur Hitparade, live übertragen aus der Veranstaltungshalle einer Stadt am Bodensee, in meine Ranch.

Um zur nachmittags angesetzten Orchesterprobe pünktlich zu sein, fuhren wir rechtzeitig los. Spitzbub in seinem großen, als Stall ausgebauten Pferdehänger, gezogen von meinem Wohnmobil, das es mir erlaubt, bei mehrtägigen Tourneen auch die Nächte in seiner Nähe verbringen zu können. Eine Gewohnheit die ich nicht missen möchte, denn auch in meiner Ranch ist seine Box nur durch ein großes Fenster neben dem offenen Kamin von meinem Wohnraum getrennt. Wir lieben ihn beide, den gegenseitigen Blickkontakt. Und nicht selten leistet Spitzbub mir in meiner „guten Stube" Gesellschaft, was ihm sichtlich behagt. Natürlich trägt er dann eigens für ihn angefertigte Hausschuhe.

Doch kommen wir zurück zur Hitparade.

Bei der Ankunft stellte ich erfreut fest, daß meine sehr erfolgreiche und bekannte Kollegin Lisa Fitz sich ebenfalls nicht von ihrem Hausfreund trennen konnte und ihn zur Probe mit in die Halle brachte – ihren braunen, kleinen, krummbeinigen Dackel –, zur Freude des gesamten Teams, vom Tontechniker bis zu Kollegen und Musikern.

Die Proben verliefen problemlos, bis sie plötzlich von einem Protestschrei des hinzugekommenen Bürgermeisters der Stadt unterbrochen wurden.

Ich verstand nur Wortfetzen wie: „Das ist eine Konzerthalle und keine Vieh- oder Markthalle. Der Hund muß sofort entfernt werden!" Dank seines anhaltenden Lamentierens geschah dies dann, wenn auch unter Protest der Sängerin. Ich schielte nochmals auf die überall von der Stadt ausgehängten Plakate und täuschte mich nicht – hier stand es klar und deutlich zu lesen:
...mit Westernsänger Fred Rai auf seinem Fernsehpferd Spitzbub...
Das war auch für diesen unfreundlichen Bürgermeister nicht zu übersehen.
Und schon platzte bei meiner Probe die Bombe. In der Meinung, es handele sich bei Spitzbub um ein Holz- oder gar Gummipferd, wollte er auf keinen Fall das Betreten seiner Halle mit einem Pferd genehmigen. Obwohl Spitzbub bei seinen Auftritten immer Hausschuhe trägt...
Selbst Referenzen von so renommierten Hallen wie der Beethovenhalle in Bonn, der Meistersingerhalle in Nürnberg, der Liederhalle Stuttgart, selbst beste Auskünfte von Nobelhotels wie dem Bayerischen Hof in München und dem Hilton in Berlin, die Spitzbubs absolute Sauberkeit bestätigten, konnten ihn nicht umstimmen.
Nur der Haltung der Verantwortlichen vom Südwestfunk, denen ich noch heute meinen Respekt aussprechen möchte, war es zu verdanken, daß Spitzbub und ich gemeinsam um die Plätze in der Hitparade kämpfen konnten. Sie bestanden auf der Einhaltung des Vertrages und drohten Konsequenzen an, falls...
Allerdings mußte ich das große Versprechen ablegen, daß Spitzbub auf keinen Fall den Boden beschmutzen würde. Nach bis dahin 700 „sauberen Auftritten" glaubte ich, dies bedenkenlos tun zu können.
Nachdem die Proben ohne Probleme erfolgreich abgeschlossen waren, strömten die Zuschauer in den Saal, bis er restlos gefüllt war. Das Programm und die Übertragung im Rundfunk konnten pünktlich um 19.30 Uhr beginnen. Spitzbub und ich waren von zehn Mitwirkenden als siebte an der Reihe, um mit dem melancholischen, alten und schönen Pferdelied „Es hängt ein Pferdehalfter an der Wand" die Jury und das Publikum zu gewinnen. Natürlich wollten wir uns möglichst weit vorn in der Hitparade plazieren.
Das stolze Tänzeln von Spitzbub, sein so imposantes Steigen, unser Markenzeichen, das verzierte Zaumzeug und mein weißer Lederanzug mit bunten Fransen verfehlten

Das ist unser Markenzeichen: Wenn Spitzbub so imposant steigt wie auf diesem Bild, dann verfehlt er bei unseren Auftritten nie seine Wirkung

nicht ihre Wirkung. In der Halle empfing uns auf dem Weg vor die Bühne tosender Applaus, der bald ergriffenem Zuhören wich, als ich mit vollem Gefühl den traurigen Text über den Verlust eines guten Freundes, eines Ponys, sang.

Als Spitzbub vor dem Bürgermeister stehenblieb, ahnte ich die Katastrophe

Ich spürte die Wirkung beim Publikum, fühlte, wie der etwas sentimentale Text in die Herzen der Gäste einging. Manche summten die schöne Melodie ergriffen mit.

Alles wäre gutgegangen, wenn mich mein Weg nicht an dem Platz des Bürgermeisters vorbeigeführt hätte, der in der Mitte der ersten Reihe, umgeben von Ehefrau und etlichen Ehrengästen, thronte.

Ich ahnte noch nichts, als Spitzbub voll im Lichtkegel der Scheinwerfer genau vor dem Stadtoberhaupt stehen blieb. Erst das anfangs zaghaft einsetzende, doch schon bald brüllende Gelächter von rund achthundert Zuschauern und der verräterisch angespannte Rücken von Spitzbub ließen mich die Katastrophe ahnen.

Ich wagte nicht, mich umzusehen.

Das Lachen sprang auf die sechzehnköpfige Kapelle über, mit dem Erfolg, daß der Sound der Bigband immer spärlicher wurde. Wer ist schon in der Lage, unter Lachkrämpfen eine Trompete, ein Saxophon oder eine Klarinette zu blasen?

Unbeirrt, was blieb mir auch anderes übrig, sang ich meinen Text „...fragt ihr mich, warum ich traurig bin, schau ich auf zum Pferdehalfter hin" wenig glaubhaft zu Ende. Ich tätschelte ihm dieses Mal nicht den Hals, meinem sonst so zuverlässigen und sauberen Freund, der hier seine Meinung über diesen „Tierfreund" so eindeutig und unmißverständlich zum Ausdruck brachte.

Man kann sich die Verwunderung der Zuhörer zu Hause an den Rundfunkgeräten vorstellen, die ja überhaupt keine Erklärung hatten für den immer dünner werdenden Sound der Kapelle und für das Gelächter der Zuschauer. Nur der Schlagfertigkeit des erfahrenen Rundfunkmannes Willi Seiler, der mittlerweile von uns gegangen ist, war es zu verdanken, daß die Sendung nicht platzte, sondern ganz im Gegenteil zur Anekdote wurde, die noch heute ein hintergründiges Schmunzeln der Bürger bei der Begegnung mit ihrem Stadtoberhaupt hervorruft.

Die Zuschauer im Saal nahmen Spitzbub sein „Danebenbenehmen" weit weniger übel als der Bürgermeister, denn sie plazierten mich mit dem „Pferdehalfter" immerhin auf Platz zwei.

Bei dem Finale auf der Bühne, ohne Spitzbub, wurde ich allerdings bei der Überreichung von Gastgeschenken der Stadt durch den Bürgermeister an die Künstler übergangen. Allen anderen schüttelte er die Hand. Mir ersparte er dies jedoch.
Ich kann damit leben – und das nicht einmal schlecht.
Spitzbub war ich auf alle Fälle ab diesem Moment nicht mehr böse über das „Ausdrücken" seiner Menschenkenntnis, entstand doch nach sofortigem Entfernen der „Zankäpfel" überhaupt kein Schaden an dem versiegelten Boden der Halle.
Ich frage mich aber – da dies, bei meiner Ehre, bis heute der einzige Fall von Unsauberkeit bei Spitzbub war: War es Zufall?
Ich weiß es nicht!

Füttern und Tränken

Obwohl ein so großes und leistungsfähiges Tier, ist das Pferd in Sachen Ernährung doch sehr empfindlich.
Wie schnell entwickelt sich bei falscher Fütterung die gefürchtete, für das Pferd sehr schmerzhafte und oft todbringende Kolik. Darauf werde ich später noch eingehen.
Ein Pferd ist nicht wie ein Hund oder eine Katze in der Lage, einmal Gefressenes wieder auszuspucken. Es muß mit seinen empfindlichen Verdauungsorganen mit Blähungen, Gasen und Verstopfungen, allesamt Folgen falscher Ernährung, fertigwerden. Ein oft hoffnungsloser Fall, wenn man einmal betrachtet, was aus falscher Liebe oder Sparsamkeit manchmal in diese Tiere hineingestopft wird.
Schachtelweise Zucker, mit blähender Hefe gebackenes, oft noch verschimmeltes Brot, grüne Äpfel, Überrationen von Kraftfutter. All das kann vom Pferd nicht verarbeitet werden, genauso wenig wie verschimmeltes Heu und Stroh.
Dabei ist die richtige Fütterung eines Pferdes so einfach, wenn wir uns auf die Vorfahren unserer Reitpferde, die Wildpferde, zurückbesinnen. Sie ernährten sich vom klaren Wasser der Bäche, von Gras, Blumen und Kräutern der Gebirgstäler oder der Steppen und Ebenen.
So genügt zunächst einmal außer frischem Wasser kräftiges und vitaminreiches Wiesengras mit Blumen, Klee und Kräutern.
Um eine häufig auf Nichtkenntnis basierende, falsche Ernährung der Pferde zu verhindern, möchte ich nochmals

betonen, daß mit gutem Gras oder Heu und ständig frischem Wasser das Pferd alle lebenswichtigen Vitamine und Nährstoffe erhält. Der geliebte Hafer ist ausschließlich ein Kraftfutter, das, wie der Name schon sagt, dem Pferd für seine Leistungen zusätzlich Kraft spendet. Auf keinen Fall wird dadurch jedoch das vitaminreiche Gras ersetzt. Würden Pferde nur mit Hafer ernährt, würden sie bald an Vitaminmangel erkranken und auf Dauer nicht überleben. Gras, das natürlichste Nahrungsmittel, kann auch in getrockneter Form als Heu dem Pferd verfüttert werden. Bei der Beschaffenheit des Heus ist auf folgendes zu achten.

1. Das für Pferde wertvolle Heu sollte aus einem mit Blumen, Klee und Kräutern durchsetzten Wiesengras gemacht werden, um eine möglichst breite Streuung von Vitaminen und Nährstoffen zu erreichen.

2. Das Gras soll erst ausgereift, also nicht zu früh geschnitten werden, damit es den vollen Nährwert und Vitaminreichtum hat.

3. Das Gras sollte bei Sonnenschein getrocknet werden. Den Trockenprozeß unterbrechende Regenfälle mindern auf alle Fälle den Wert des Heus. Vor Nässe sollte man es unbedingt bewahren.

4. Das Heu darf nur völlig trocken eingefahren oder gepreßt werden, da ansonsten der Fermentationsprozeß beginnt und das Heu fault, schimmelt und verbrennt. Dieses verdorbene Heu darf auch nicht als Einstreu verwendet werden, weil es von den Pferden gefressen werden kann. In den meisten Fällen entsteht dann eine sehr ernstzunehmende Kolik.

5. Gutes Heu ist beim Kauf leicht durch seine klare, lindgrüne Farbe erkennbar. Verregnetes Heu ist an einem mattschimmernden, stumpfen Grün zu erkennen. Beim Kauf von gepreßten Heuballen sind Stichproben unerläßlich, denn das zu früh gepreßte, noch nicht ganz dürre Heu ist wohl in den äußeren Schichten nachgetrocknet, innen jedoch vielleicht verschimmelt und somit wertlos.
Eine weitere wichtige Hilfe beim Kauf ist die Geruchsprobe: Gutes Heu duftet ähnlich wie Kräuter oder Tee. Schlechtes, verregnetes Heu ist fast geruchlos, verdorbenes Heu verrät sich durch einen Moder- oder Schimmelgeruch.

Eine wichtige Hilfe beim Kauf von Heu ist die Geruchsprobe. Gutes Heu duftet nach Tee oder Kräutern. Amigo interessiert sich sichtlich dafür

6. Es darf grundsätzlich nur richtiges Heu, also der jährliche Erstschnitt der Wiesen, verfüttert werden, denn der getrocknete Zweit- oder Drittschnitt des Grases, auch Krummet genannt, ist für die Pferde zu eiweißhaltig. Das gleiche gilt auch für die Verfütterung von Kleeheu, das ebenfalls nicht zu empfehlen ist.

Beachtet man diese sechs Punkte, kann man sicher sein, die Grundlage zur gesunden und problemlosen Ernährung eines Pferdes sichergestellt zu haben.
Mittelwert zur Ernährung: eine tägliche Menge von rund zehn Kilogramm. Das Pferd kann das Futter auf alle Fälle besser verdauen, wenn das Heu auf zwei oder drei Rationen täglich aufgeteilt wird. Bei geringer Leistung oder Ruhestellung ist Heu eine ausreichende Fütterung. Bei höheren Anforderungen oder täglichem Reiten ist zusätzliches Kraftfutter angebracht. Dies muß jedoch der geforderten Leistung gerecht dosiert werden, denn bei Überfütterung entstehen leicht Verstopfungen, die zu den gefürchteten Koliken führen können. So kann sich die tägliche Ration zwischen zwei bis zwölf Pfund Hafer bewegen. Auf zwei bis drei Mahlzeiten verteilt, erreicht man eine bessere Verwertung des Kraftfutters und riskiert auch keine Verdauungsprobleme.
Hafer soll auf alle Fälle in gequetschter Form verfüttert werden, um eine hundertprozentige Verwertung dieses Getreides zu erreichen. Bei Fütterung von ungebrochenem Hafer rechnet man mit einem Verlust von etwa 15 -20 Prozent, denn das Haferkorn, das beim Kauen vom Pferd nicht

zermalmt wird, scheidet zur Freude der Spatzen unverdaut mit den sogenannten Pferdeäpfeln wieder aus.
Um es nochmals deutlich zu sagen: Zuviel des von den Pferden zugegebenermaßen heißgeliebten Hafers ist falsch verstandene Liebe. Die den Pferden vermeintlich gegönnte Freude könnte schnell in Schmerzen und Qualen mit unvorhersehbaren Folgen umschlagen.
Noch ein wichtiger Hinweis für die Lagerung des Hafers. Um ihn trocken aufzubewahren, verwende man am besten stabile Haferkisten oder Tonnen, um nicht die Mäuse zu füttern. Bei beiden Möglichkeiten müssen die Behältnisse abschließbar sein. Auf keinen Fall sollte man den Hafer in Säcken im Stall aufbewahren, denn wie oft kämpfte schon der Tierarzt um das Leben eines Pferdes, das unbewacht sich den Bauch im wahrsten Sinne des Wortes mit dem wohlschmeckenden Hafer vollstopfte.

Große Vorsicht vor grünen Äpfeln: Sie können leicht eine Kolik herbeiführen

Als Zusatzfutter haben sich Äpfel oder einige Karotten bestens bewährt. Einesteils regen sie beim Pferd den Kauvorgang an, zum zweiten wird durch die zugeführte Feuchtigkeit die Verdauung gefördert und somit Verstopfungen vermieden.
Zusätzliche Vitamine schützen vor Erkrankungen, Karotten besonders vor Wurmbefall. Doch auch hier heißt es wieder: Mit Maß und Ziel. Besonders grüne Äpfel können zu einer meist tödlich endenden Kolik führen.
Noch ein kleiner Tip: Karotten im Einzelhandel sind recht kostspielig, sackweise im Großmarkt erworben jedoch ein äußerst preisgünstiges und gesundes Zusatzfutter.
Da in der Regel bei der Pferdehaltung auf das Verfüttern von feuchtigkeithaltigem Gras verzichtet wird, ist es unerläßlich, dem Pferd die Möglichkeit zu geben, ständig frisches Wasser zu trinken. Die beste empfehlenswerte Möglichkeit ist ein Tränkebecken, an dem das Pferd nach Bedarf seinen Durst selbst stillen kann. Sollte dies nicht möglich sein, kann auch ein stabiler Plastikeimer, wegen der Verletzungsgefahr besser als ein Blecheimer, in die Box gehängt werden. Dabei ist jedoch darauf zu achten, daß bei jeder Fütterung das Wasser restlos entleert und wieder frisch aufgefüllt wird.
Auf der Koppel ist dieses Problem mit einem ständigen Zufluß frischen Wassers an einer möglichst großen Tränke leicht lösbar. So wird das Wasser ununterbrochen erneuert, das unverbrauchte Naß kann mit einem Überlauf abgeleitet werden.
Vergeßt bitte nie: Pferde brauchen stets frisches Wasser. Ist

einmal die Bedarfszeit für das Wasser überschritten, kann das Pferd von sich aus keine Flüssigkeit mehr aufnehmen. Eine Kolik ist nicht mehr zu verhindern.
Dies gilt auch, um es bei dieser Gelegenheit mit anzusprechen, bei Pferdetransporten. Ich habe es mir zur Regel gemacht, nach zwei, spätestens jedoch nach zweieinhalb Stunden eine Rast einzulegen und dem Pferd Wasser anzubieten.
Natürlich führe ich bei dieser Gelegenheit mein Pferd auch fünf Minuten umher, um den Blutkreislauf anzuregen und seine Muskeln zu lockern. Dies ist nicht nur wohltuend und wichtig für die Gesundheit meines Pferdes, sondern für mich auch eine willkommene Abwechslung und Erholung vom Autofahren.

Achtzehn bis zwanzig Stunden am Tag verbringen Pferde mit Fressen

So kann ich glücklicherweise bis heute – trotz der vielen Fahrten mit meinem Pferd Spitzbub – über kein einziges gesundheitliches Problem bei ihm berichten.
Betrachten wir noch einmal die Gewohnheiten der Wildpferde oder beobachten wir unsere Pferde auf der Weide, so stellen wir fest, daß diese fast den ganzen Tag, also etwa achtzehn bis zwanzig Stunden, mit Fressen verbringen und nur wenige Stunden schlafen.
Dies allerdings können Pferde auch im Stehen, denn es ist für ein Fluchttier wichtig, ständig bereit zu sein, sich in Sicherheit zu bringen. Ein Pferd legt sich nur dann, wenn es sich absolut sicher fühlt. Ansonsten erholt es sich lieber beim Dösen im Stand. Dies ist für das Pferd durch die abwechselnde Entlastung der hinteren Beine leicht erlernbar.
Und: Es gehört zum Wohlbefinden der Pferde, ständig im Wachzustand an Gräsern und Halmen zu knabbern. Dies ist wiederum leicht durch die tägliche frische Einstreu von gutem Stroh zu bewerkstelligen, aus der das Pferd gern Ährenreste und Halme herauszupft.
Deshalb ist die Zufütterung von trocken eingebrachtem guten Weizen- oder Haferstroh als Ballastfutter für das Wohlbefinden der Pferde äußerst wichtig. Ein Grund für mich auch bis heute, auf Fertigfutter oder Pferdekorn zu verzichten.
Selbst wenn durch einige Kilogramm Pferdekorn alle lebensnotwendigen Vitamine und Nährstoffe aufgenommen werden könnten, möchte ich meine Tiere nie um den Genuß bringen, sich stundenlang durch das Fressen des duftenden Heus zu erfreuen. Es käme mir auch nie in den Sinn, auf mein ausgiebiges und geliebtes Frühstück oder ein festliches Dinner mit Freunden zu verzichten, um diese

Genüsse durch ein paar Vitaminpillen zu ersetzen. Welch armes Leben wäre dies!
Ganz abgesehen davon habe ich keine Kontrolle über die Güte des Heus oder der sonstigen Nährstoffe, die im Fertigfutter verwendet werden.
Dank meiner Tierbeobachtungen und Erfahrungen bleibe ich der jahrhundertelangen bewährten Fütterung treu – mit Gras, Heu, Hafer, Karotten und Stroh. Und natürlich ständig frischem Wasser.

Wie man ein Pferd richtig putzt

Ein gefährliches Thema, lege ich mich doch gleich wieder mit Zehntausenden striegel- und putzsüchtiger Pferdehalter an. Dabei wäre die Zeit, die für die Putzorgien draufgeht, besser damit verbracht, wenn das Pferd sich statt dessen auf einer Weide tummeln könnte.
Doch ich fürchte mich nicht vor möglichen Angriffen dieser Saubermänner. Mit meiner Meinung stehe ich nämlich nicht allein. Namhafte Tierforscher sind wie ich nach langen Beobachtungen zu dem Ergebnis gekommen: Zu starkes Putzen ist unsinnig!
Was müssen manche arme Pferde, stundenlang angebunden, alles über sich ergehen lassen. Vom endlosen Striegeln mit Kardätsche und Bürste, bis auch das letzte Staubkorn aus dem Fell verschwunden ist, neuerdings sogar – welch Fortschritt – mit elektrischen Pferdestaubsaugern! Shamponieren und waschen, Nüsternspülung, Ohren austupfen (von den Pferden besonders „geliebt") bis zur täglichen Pflege der Genitalien – ich habe alles schon mit ansehen müssen.
Um es einmal ganz deutlich zu sagen: Ein Pferd braucht zu seinem Wohlbefinden und als Schutz gegen die lästigen Fliegen und Bremsen eine gewisse Staubschicht im Fell. Nach wissenschaftlichen Erkenntnissen leiden frisch geputzte Pferde weit mehr unter Fliegen und Stechmücken als auf der Weide freilebende, nicht geputzte, „schmutzige" Tiere.
Habt ihr es noch nicht gesehen? Ein peinlich sauber gereinigtes Pferd, das gerade auf die Koppel gebracht wurde, wälzt sich viel länger im tiefsten Dreck als ein nichtgeputztes. Warum wohl? Um den Schutz gegen Fliegen in Form einer Staubschicht wieder aufzubauen.
Natürlich sollen Pferde gepflegt und geputzt werden, denn sie fühlen sich, behangen mit Mist- und Dreckklumpen, sicherlich auch nicht wohl. Die Schmutzprobe mit weißen Handschuhen wollen wir bei der nicht immer glorreichen Vergangenheit der Militär-Reiterei doch lieber nicht diskutieren...
Wichtig ist nur eine saubere, dreck -und sandkornfreie Sattellage, um das Aufreiben zu verhindern.
Auch hier gilt es wieder, vor Extremisten und Putzfetischisten zu warnen, die ihre Pferde wegen „Schmutzgefahr"

nicht auf die Weide lassen. Sie behaupten gar noch, daß das Putzen den Kreislauf des Pferdes fördere. Ihnen kann man nur ganz lapidar erklären: Zehn Minuten freien Weidegangs fördern den Blutkreislauf mehr als fünf Stunden putzen.
Pflegt eure Pferde, denn wir wollen mit sauberen Tieren reiten. Laßt aber den fast wehrlosen Pferden ihren natürlichen Staub als Schutz gegen die Fliegen. Denn auch hier gilt wieder der Maßstab des artgerechten Haltens in jeder Beziehung.

Hufpflege

Mit seinen Hufen ist das Pferd in der Lage, sich sowohl den harten steinigen Böden der Hochtäler als auch den weichen Grasböden des Flachlandes anzupassen. So kann der Huf bei starker Beanspruchung durch steinige Böden glashart und wenig abnutzbar werden. Auf Grasland jedoch bleibt er weich.
Das ist vielleicht leichter verständlich, wenn wir an unsere Kinderzeit denken, als wir mit abgehärteten Fußsohlen selbst schmerzlos auf Kies und Steinwegen rannten. Das kam vom Barfußgehen, das wir so liebten. Ich konnte sie nie erwarten, die Monate ohne „r" im Namen, in denen mir meine Eltern dieses Vergnügen erlaubten. Damals war ich kaum zu bewegen, von Mai bis Ende August meine Füße in enge Schuhe zu stecken. Wenn ich dagegen heute uns Erwachsene mit unseren ständig durch Schuhe geschützten, verweichlichten und empfindsamen Füßen am Strand wegen einer spitzen Muschel staksen sehe wie ein Storch im Salat, so wird mir bewußt, wie anpassungsfähig auch der Mensch noch natürlichen Anforderungen gegenüber ist.
Übertragen auf die derzeitigen Anforderungen an Pferde bedeutet das also, daß sie bei stärkerer Belastung einen weitaus härteren Huf besitzen als Pferde mit geringerer Beanspruchung.
Und so wage ich diese Behauptung: 80 Prozent aller Pferde könnten auf die unnatürlichen, kostspieligen und oft gefährlichen Hufeisen verzichten.
Wenn wir die normale Belastung eines Reitpferdes einmal betrachten, das vielleicht 22 oder 23 Stunden täglich im Stall oder auf der Koppel steht und dann ein oder zwei Stunden auf weichen Böden der Reithallen oder Reitplätze geritten wird, dann frage ich mich eines: Warum ist keiner

bereit, die alten Zöpfe, sprich Hufeisen, abzuschaffen? Er muß nur ein bißchen nachdenken. Denn Hufeisen stammen aus einer anderen Zeit – als das Pferd auf Kopfsteinplaster in alten Städten einer ganz anderen und viel stärkeren Belastung ausgesetzt war!

Hufeisen sind häufig die Ursache für Sehnenschäden und Verletzungen

Natürlich mußten auch die Hufe jener Pferde geschützt werden, die täglich acht bis zwölf Stunden in der Landwirtschaft auf harten Böden strapaziert wurden. Natürlich waren Eisen angebracht bei Militärpferden, wenn sie täglich viele Stunden auf steinigen Landstraßen schwere Kanonen zogen oder voll ausgerüstete Soldaten zu tragen hatten. Verständlich war auch der Hufbeschlag bei Arbeitspferden der Brauereien und Fuhrunternehmen. All diese Tiere waren stetig übergroßen Beanspruchungen ausgesetzt, die von der Natur nicht mehr ausgeglichen werden konnten. Nur: Wo gibt es diese Belastungen heute noch!

In der Regel werden die Hufe unserer Pferde in der heutigen Zeit weit weniger beansprucht als bei den ehemals wild lebenden Pferden, deren Hufe niemand mit Eisen beschlug oder sie feilte.

Die Natur ist leicht in der Lage, durch normales Wachstum und angepaßte Härte den Abrieb der Hufe auszugleichen. Durch die heute zu geringe Belastung der Hufe ist es oft sogar erforderlich, sie zu kürzen.

All diejenigen, die der irrigen Meinung anhängen, das Anbringen von Hufeisen sei für das Pferd gesund und angenehm, denen sei gesagt, daß das Eisen nicht nur die Elastizität des Hufes nimmt, sondern auch die Ursache vieler Sehnenschäden ist. Nur am Tag des Hufbeschlags steht der Fuß korrekt, von diesem Moment an ist die Sehne gezwungen, sich mehr und mehr zu dehnen.

Wir alle wissen, daß, abgesehen vom Bockhuf, der Huf unter dem Eisen die Tendenz hat, nach vorn zu wachsen. Aus diesem Grund war es früher üblich, alle vier bis sechs Wochen die Eisen zu wechseln und die Hufe neu zu schneiden. In vielen Fällen wird heute ein verspannter Huf erst dann wieder korrigiert, wenn das Pferd durch einen „glücklichen Umstand" ein Eisen verloren hat.

Natürlich ist tägliche Hufpflege unerläßlich. Nach dem Reiten oder der Rückkehr aus der Koppel müssen die Hufe ausgekratzt werden, um eventuell zwischen dem Strahl festgesetzte Steinchen zu entfernen. Diese können genauso einen Druck und spätere schmerzhafte Blutergüsse unter dem Huf erzeugen wie in die Hufsohle oder den Hufrand eingetretene Kiessplitter.

Oft leistet mir Spitzbub in meiner „guten Stube" Gesellschaft. Das behagt ihm sichtlich. Natürlich trägt er dabei eigens für ihn gemachte Hausschuhe

Wir können dem Hufschmied nicht die Arbeit ersparen. Er muß natürlich in regelmäßigen Abständen den Strahl ausschneiden, die Hufe abrunden und eventuell kürzen. Doch bei normalen Reitansprüchen – immer ein bißchen den steinigen Wegen ausweichen – fühlt sich das Pferd nicht nur wohler, sondern auf den oft schwierigen Wegverhältnissen des Freizeitreitens sogar absolut sicherer. So wird auch das Aufklumpen von Schnee, im Winter an den Hufeisen üblich, fast gänzlich vermieden.
Spitzbub habe ich das Gehen mit diesen Klumpfüßen auch auf meinen vielen Urlaubsritten erspart. Er dankte es mir dadurch, daß er bis heute kein einziges Sehnen- und Hufproblem hatte und nun schon 28 Jahre auf gesunden Beinen durch sein interessantes Leben geht.
Man betrachte nur die vielen zusätzlich möglichen Verletzungsgefahren beim Tragen von Hufeisen: Die Pferde treten beim raumgreifenden Trab mit den hinteren Eisen in die vorderen Beine und ziehen sich durch halb verlorene Hufeisen schreckliche Wunden zu. Dann die vielen Sehnenerkrankungen, die gebrochenen Zehen der Reiterinnen und Reiter, die sie sich durch diese unelastischen, gefühllosen, metallischen Fremdkörper zuziehen. Die oft tödlich ausgehenden Unfälle, wenn ein Pferd mit den eisenbewehrten Hinterbeinen austritt. Es lohnt sich wirklich, einmal darüber nachzudenken, ob etwas weniger Eisen bei der Pferdehaltung nicht mehr sein kann.
Wir sollten im wahrsten Sinne des Wortes dem Pferd ein bißchen natur- und artgerechtes Leben zurückgeben.

Die medizinische Betreuung

Das Pferd groß, geschmeidig, schnell und stark ist bei richtiger Ernährung und artgerechter Haltung ein robustes Tier, das selten medizinische Betreuung benötigt. Bei Überbeanspruchung der schlanken Beine, vor allem aber bei falscher Ernährung ist es allerdings absolut anfällig und empfindlich. So ist jeder Hund oder jede Katze in der Lage, unverdauliches oder nicht bekömmliches Futter wieder auszuspucken, einem Pferd ist das leider nicht möglich. Daher stammt auch der weise Spruch, der besonders unglaubliche Dinge bestätigen soll:
„Ich habe schon Pferde kotzen sehen."
Das Pferd muß alles zu sich Genommene mit seinen Verdauungsorganen bewältigen und auf natürlichem Weg wieder ausscheiden. So entstehen die oft tödlich endenden Koliken meist dadurch, daß falsch gefüttert wurde. Eine Kolik hat beim Pferd fast immer dieselben Symptome, kann jedoch durch viele Gründe verursacht werden.
Ähnlich ist das bei anderen krankhaften Erscheinungsbildern wie Lahmen, Freßunlust und beispielsweise Müdigkeit.
So gehört die medizinische Betreuung des Pferdes grundsätzlich in die Hände eines pferdeerfahrenen Tierarztes, der in der Lage ist, bei den vielen verschiedenen Möglichkeiten eines Krankheitbildes die richtige Diagnose zu stellen. Ich möchte keinem Tierarzt zu nahe treten und sein Können anzweifeln; die richtige Behandlung eines Pferdes bedarf aber nicht nur langjähriger Erfahrung bei der teilweise so schwierigen Diagnose, sondern erfordert auch viel Erfahrung im Umgang mit diesen Tieren. Ängstliches, zögerndes Verhalten macht die Pferde unsicher.
Noch heute denke ich mit Schmunzeln daran, wie vor vielen Jahren ein Tierarzt meiner neugeborenen, süßen kleinen Stute eine Spritze gegen Fohlenlähmung geben sollte. Ich hielt das Fohlen am Boxeneingang mit den Armen um Brust und Hinterhand fest, damit der Doktor dem kleinen, hoffnungsvollen Lebewesen die schützende Spritze vom Stallgang aus geben konnte. Als er gerade die Nadel der aufgezogenen Spritze ansetzen wollte, schaute mir die lammfromme Mutterstute über die Schulter, neugierig, was wir mit ihrem stolzen Nachwuchs beabsichtigen. Als er plötzlich den Pferdekopf über sich erblickte, sprang der

Tierarzt zu Tode erschrocken mit einem Aufschrei zum Ausgang des Stalles und ließ die Spritze fallen. Verwundert schaute die Mutterstute hinter ihm her, wohl wissend, daß bei meiner Anwesenheit keine Gefahr für ihr Neugeborenes bestand.
Übrigens war der gute Mann einer der besten Tierärzte mit einer großen Praxis in einer bedeutenden Stadt in Süddeutschland. Das Problem war nur, daß der Pferdekopf viel größer war als der seiner üblichen Patienten. Er hatte nämlich eine – gutgehende – Kleintierpraxis.
Sicher ein guter Arzt, nur der falsche Mann für Pferde, die ein ruhiges, jedoch resolutes Auftreten brauchen, um nicht verunsichert zu werden. Wir schafften es noch, die Spritze zu geben, was den Tierarzt dermaßen zufriedenstellte, daß er bis heute vergaß, eine Rechnung zu stellen.
Da lobe ich mir meinen seit Jahren in Freundschaft verbundenen Tierdoktor Dr. med. vet. Hans Stöhr, Pfaffenhofen bei Altomünster, der ein so selbstverständliches Auftreten den Pferden gegenüber an den Tag legt, daß die Behandlung oft schon beendet ist, bevor diese überhaupt merken, daß etwas Außergewöhnliches passiert ist.

Keine Experimente: Lieber den Doktor einmal zu oft rufen als einmal zu wenig

Ich warne jeden echten Pferdefreund, bei Problemen selbst am Pferd herumzudoktern und sich auf alte Bauernweisheiten und Hausmittel zu verlassen. Wie oft erdulden dadurch unsere Freunde nicht nur unnötige Schmerzen, sondern es kommt mitunter bei nicht rechtzeitig gerufenem Beistand jede Hilfe zu spät. Es ist immer noch billiger und sicherer, für das Pferd einen vielleicht nicht unbedingt nötigen Tierarztbesuch zu riskieren, als eine dilettantische Verarztung mit langwierigen Behandlungen oder gar dem Leben des Tieres zu bezahlen.
Zur medizinischen Betreuung, die der Pferdebesitzer selbst ausüben kann, gehört die zweimal jährlich durchzuführende Wurmkur. Doch rate ich zu einer tiermedizinischen Untersuchung des Mistes, die meist im Preis des Wurmmittels enthalten ist. Dabei kann die Art eines eventuellen Wurmbefalls ermittelt und das entsprechende Mittel verabreicht werden. Denn nicht jedes Medikament wirkt auf jede Art vorkommender Würmer.
So ist die beste medizinische Betreuung eines Pferdes immer noch die gesunde Haltung und Pflege des Tieres. Vor allem aber gilt es, zur rechtzeitigen Erkennung einer Krankheit sein Pferd immer genau zu beobachten. Denn zu einem frühen Zeitpunkt ist eine Behandlung wirksamer, kürzer und für das Pferd humaner.

Es gehört zu den Pflichten eines Pferdehalters, regelmäßig den Mist auf Wurmbefall untersuchen zu lassen, die Hufe täglich sauber auszukratzen, die Nase auf Rotz zu untersuchen und ein Husten des Pferdes aufmerksam zu verfolgen. Husten kann durch Staub oder Futter ausgelöst werden, er kann bei Wiederholung erstes Anzeichen einer Erkältung, einer Drüsen- oder gar Lungenerkrankung sein.
Eines der wichtigsten Dinge ist es jedoch, auf erste Anzeichen einer Kolik zu achten, die durch viele Ursachen ausgelöst werden kann. Ich möchte hier nur die wichtigsten noch einmal nennen:

Um Koliken zu vermeiden, müßt ihr euer Pferd immer genau beobachten

Verstopfung durch eine Überdosis Kraftfutter, schimmeliges und schlechtes Heu und Stroh, zuviel gefüttertes, oft schimmeliges Brot, zu viele, vor allem aber grüne Äpfel, Wurmbefall (ganz gefährlich), Wassermangel, Aufnahme von Fremdkörpern, zu eiweißhaltiger und blähender Klee und Krummet, durch zu langes Reiten und Fahren verhindertes Wasserlassen und Untugenden wie Koppen, also Schlucken von Luft.
Die ersten Anzeichen einer Kolik sind – und darauf ist das Pferd ständig zu beobachten:

1. Das Verweigern der Aufnahme von Futter;
2. Das Verweigern der Aufnahme von Wasser;
3. Das Ausbleiben von Pferdeäpfeln;
4. Das Ausbleiben der bei der Verdauung üblichen Magen- und Darmgeräusche, leicht feststellbar beim Anlegen des Ohres an die Flanke vor der Hinterhand;
5. Das immer wieder verständnislose Umblicken des Pferdes und Betrachten des schmerzenden Bauches;
6. Anomales häufiges Wälzen, wobei, durch Schmerzen ausgelöst, das Pferd mit den Beinen ausschlägt, als wolle es sich eines unsichtbaren Peinigers entledigen. Dabei kann eine Darmverschlingung entstehen, der sichere Tod deines Freundes;
7. Schwitzen des Pferdes.

Bei diesem Symptom sind zwei Dinge sofort zu tun. Erstens ist umgehend der Tierarzt zu rufen, der bei einer Kolik immer sofort alles liegen und stehen läßt, und zweitens mußt du das Pferd bis zum Eintreffen des Tierarztes führen, damit das gefährliche, durch Schmerz ausgelöste Wälzen verhindert wird und keine Nahrungsaufnahme stattfinden kann. Außerdem wird durch das Gehen der Kreislauf des Pferdes angeregt. Der Tierarzt erst wird entscheiden, ob er

durch Ausräumen des Darmes, Einflößen von Flüssigkeit, durch krampflösende Spritzen oder gar durch eine Notoperation dem leidgeprüften Tier helfen kann.
Ein oft häufig gemachter, verhängnisvoller Fehler, nach dem deinem Pferd nur noch durch Aderlaß oder sofortige Spritzen geholfen weden kann, ist das sofortige Losgaloppieren aus der Ruhestellung des Stalles heraus. Langsames Warmreiten und damit das Lösen der Muskeln und Sehnen ist hier – wie beim Menschen – erforderlich.
In jede Stallapotheke gehören Penicillinpuder und Alu-Spray, mit dem kleine Wunden desinfiziert und geschlossen werden können, eine Medizin, die auch auf Wanderritten dabei sein muß. Und ich gestehe, daß ich schon manche eigene Rißwunde damit erfolgreich geheilt habe. Was für mein Pferd gut ist, kann mir nicht schaden.

Wenn ein Pferd zu lahmen beginnt, ist sofort der Rat eines Arztes erforderlich

Lahmt ein Pferd, ist, wie bei Anzeichen einer Kolik, der sofortige Rat eines Arztes erforderlich. Lahmen kann viele Ursachen haben: Zerrungen, Verstauchungen, Überdehnungen, Gewalteinwirkung (Huftritt oder ein Stoß an harten Gegenständen), Abnutzung, Blutergüsse, Hufkrankheiten, Schulterverletzungen und Brüche sind nur einige. Bewußt zähle ich die vielen Möglichkeiten auf, um euch deutlich zu machen, wie schwierig das Erkennen von Verletzungen oder Krankheiten ist. Jeder Versuch, selbst zu therapieren, ist dem Pferd gegenüber verantwortungslos. Bei sofortiger und richtiger Behandlung durch einen Fachmann hat man oft verblüffend schnelle Heilerfolge.
Ich denke dabei gerade an die für Pferde so schmerzhaften Druck- und Eiterstellen, die durch nicht entfernte Steinchen im Huf ausgelöst wurden. Bei falscher Diagnose verschlimmert sich fast immer der Zustand, und chronische Dauerschäden sind oft nicht auszuschließen.
Aufbauspritzen, wenn nicht nach Krankheitsfällen vom Arzt verabreicht, oder gar Dopingspritzen, um aus gesunden Pferden noch höhere Spitzenleistungen herauszukitzeln, lehne ich als Tierfreund ab. Sie sind für die Pferde gesundheitsschädlich und machen sie sehr schnell zu Wracks.
Genauso lehne ich auf der anderen Seite Beruhigungsspritzen ab. Wenn sie oft vor Transporten oder gar vor dem Hufbeschlag verabreicht werden, ist dies doch immer ein Zeichen von falscher Pferdehaltung, bei der jedes Vertrauen zwischen Pferd und Reiter fehlt.
Zusammenfassend: Die beste gesundheitliche Betreuung des Pferdes ist eine artgerechte Haltung mit viel frischer

Luft und Bewegung, klarem Wasser, leistungsbezogener, einfacher Fütterung mit guten vitaminreichem Futter und eine genaue Beobachtung des Pferdes, um bei den Anzeichen einer Erkrankung möglichst schnell den fachkundigen Rat eines mit Pferden erfahrenen Tierarztes einzuholen. Alles andere ist ein Frevel an dem Tier, das seinen Schmerz nicht hinausschreien kann und seine durch dilettantische Hilfeleistungen verlängerten und oft noch verschlimmerten Qualen stumm ertragen muß. Eine hilflos dem Menschen ausgelieferte sensible Kreatur – eine große moralische Verpflichtung für den Halter.

Ein Pferd muß auch versichert werden

Es existieren zwei unterschiedliche Arten von Versicherungen, die für Pferdehalter von Bedeutung sind.
1. Die Haftpflichtversicherung als Halter von Nutz- oder Luxustieren und
2. Die Lebensversicherung für Pferde.
Tierhalterhaftpflicht – ein ganz wichtiges Thema für jeden Pferde-, Hunde- oder Katzenbesitzer.
Nach dem deutschen bürgerlichen Gesetzbuch haftet jeder Bürger in unbegrenzter Höhe für Schäden, die er als Privatperson, Hausbesitzer, Geschäftsinhaber oder Autofahrer zu verantworten hat – und als Tierhalter.
Weil sich viele Pferdehalter über das Ausmaß dieses Risikos nicht bewußt sind, will ich noch einmal unterstreichen: in unbegrenzter Höhe! Das mag mal nur eine kleine Reinigungsrechnung sein, weil man durch eine Pfütze geritten ist und andere Leute bespritzt hat, mitunter treten aber auch lebenslange Renten- oder Abfindungszahlungen in Millionenhöhe auf, wenn im Zusammenhang mit dem Halten oder Reiten eines Pferdes ein Mensch an Leib oder Leben Schaden genommen hat. Der sichere Ruin vieler Pferdefreunde.
Erschwerend sieht der Gesetzgeber den Unterschied zwischen Nutz- und „Luxustier". Die normale Tierhaltung in der Landwirtschaft – auch wenige Ausnahmen im Reitbetrieb fallen noch darunter – ist für den Gesetzgeber kein Thema.
Er findet aber, daß allein durch das Halten eines „Luxustieres" eine vermeidbare Gefahr geschaffen wird.
Das wiederum bedeutet in der Praxis, daß bei einem Unfall die Beweislast beim Halter des Luxustieres liegt. Beispiel: Spaziergänger kürzen ihren Weg durch eine Koppel ab und nähern sich einem Pferd. Sie lärmen und machen das Tier nervös. Es passiert etwas – was auch immer. Der Halter des Pferdes wird auf Schadensersatz verklagt, und er hat jetzt auch noch zu beweisen, daß nicht er, sondern der Kläger sich schuldhaft verhalten hat – ein nahezu aussichtsloses Unterfangen.
So ist also der Abschluß einer Haftpflichtversicherung mit ausreichender Deckungssumme unbedingt erforderlich.
Die Prämien sind, wenn auch bei den einzelnen Gesellschaften oft verschieden, im Verhältnis zu den Haltungsko-

sten eines Pferdes preiswert, nehmen sie doch dem Pferdehalter ein in der Höhe nicht abzuschätzendes Haftpflichtrisiko ab.
Eine weitere wichtige Aufgabe der Haftpflichtversicherung, die mir manchen unangenehmen und kostspieligen Rechtsstreit erspart hat, ist es, unberechtigte Ansprüche abzulehnen und berechtigte abzuwickeln und zu bezahlen.
Um jetzt nicht alle Reiterinnen und Reiter zu beunruhigen: Das bisher Genannte betrifft nur die Besitzer und Halter von Pferden. Wer fremde Pferde reitet, ist beitragsfrei über die normale Privat-Haftpflichtversicherung abgesichert, die alle Gefahren des täglichen Lebens als Privatperson abdeckt, nur eben nicht die Haltung von Pferden oder Hunden. Minderjährige sind in die Privat-Haftpflicht der Eltern automatisch eingeschlossen. Ohne diese private Haftpflichtversicherung, die jährlich nur relativ wenig kostet, sollte man sich jedoch nicht auf ein Pferd setzen.

Lebensversicherung für Pferde?

Auch das gibt es – eine Lebensversicherung für Pferde. Sie entschädigt den Pferdebesitzer bei Tod, Nottötung oder Dienstunbrauchbarkeit seines Tieres. Als Versicherungssumme ist dabei der Kaufpreis des Tieres, also kein ideeller Wert, zugrunde gelegt. Die Versicherungen sind so kalkuliert, daß die Entschädigungssumme im Schadensfall zwischen 60 bis 80 Prozent jener Summe liegt, die in rund zehn Jahren über Prämien eingezahlt werden mußte.
Wenn ich das auf meinen nicht lebensversicherten 28-jährigen Spitzbub übertrage, der bei bester Gesundheit und natürlicher Haltung immer noch eine hoffentlich 10jährige Lebenserwartung hat, hätte ich bereits bis jetzt die zweieinhalbfache Entschädigungssumme einbezahlt. Ein gutes Geschäft – nur nicht für mich.
Da beim vernünftigen, gewaltlosen Freizeitreiten und einer Pflege, wie ich sie propagiere, die Pferde kerngesund alt werden (im Gegensatz zu Springsport, Trab-und Galopprennen, Hindernisrennen, Military) und auch von der Unfallgefahr dieser Sportarten unberührt bleiben, ist der Abschluß einer Pferde-Lebensversicherung nicht notwendig.
Das reine Unfallrisiko kann über eine Pferde-Unfallversicherung mit günstigen Prämien abgedeckt werden, wobei allerdings Tod oder Nottötung nicht abgedeckt sind.
Den Verlust meines Freundes kann auch ein teilweise zurückbezahlter Kaufpreis nicht unvergessen machen.

Hochleistungssport ist Pferde-Mord

Das Pferd, in der Natur ständig in Bewegung und immer fluchtbereit, vermag enorme Leistungen zu vollbringen – eine Erbanlage seiner Vorfahren, die in der Wildnis ihre Kraft und Schnelligkeit zum Überleben benötigten. In der Gemeinschaft mit dem Menschen, der dem Pferd die Sorge um das tägliche Futter abnimmt und sein Sicherheitsbedürfnis befriedigt, ist auch aus moralischer Sicht gegen das Fordern einer Leistung nichts einzuwenden. Schließlich muß auch jeder Mensch zur Deckung seiner Lebensbedürfnisse – Essen, Trinken, Kleidung, Vorsorge – ein Leben lang arbeiten.
Allerdings hat die an die Tiere gestellte Forderung den Veranlagungen und dem Leistungsvermögen des Pferdes zu entsprechen. Unmoralisch und nicht mehr zu verantworten wird sie dann, wenn bei dem zu panischer Angst neigenden Fluchttier Höchstleistungen mobilisiert werden, zu denen es im Normalfall nicht fähig ist.
Die Kraftreserven, die meist im Hochleistungssport aus den Tieren herausgekitzelt werden, basieren auf Angst. Und die Leistungen, die man so fordert, darf man getrost nicht nur unmenschlich nennen – sie sind für das Pferd auch gesundheitsschädlich.
Leider ist es eine traurige Wahrheit, daß viele Pferde, die im Hochleistungssport alles geben, ihre Altersgrenze und somit einen geruhsamen Lebensabend nicht erreichen. Frühzeitig sind sie durch zu hohe Leistungsansprüche verschlissen worden.
Nochmal schlimmer, daß derlei Höchstansprüche bereits im Kindesalter von ihnen verlangt werden. Wenn man zugrunde legt, daß drei Menschenjahre einem Pferdejahr entsprechen, sind Pferde also mit sechs bis sieben Jahren voll ausgewachsen. Nun gibt es aber Trab- und Galopprennen mit zwei- oder dreijährigen Pferden. Das Training dieser Tiere begann bereits im Alter von einem Jahr. Wie unverantwortlich – die Gesundheit dieser jungen Pferde wird früh ruiniert! An menschlichen Maßstäben gemessen würde man ein sechs- bis neunjähriges Kind mit einem Rucksack voller Ziegelsteine um eine Aschenbahn jagen und von einem zähnefletschenden Bluthund verfolgen lassen, damit es vor lauter Angst seine letzten Kraftreserven bis hin zur tödlichen Erschöpfung mobilisiert.

Ein Beispiel, das sicher jeden normal veranlagten Menschen empört. Beim Pferdesport dagegen ist das ganz normaler Alltag.
Wie ich schon sagte, bin ich wirklich kein Extremist und lehne im Gegenteil jeden Extremismus ab. So vertrete ich ganz klar die Meinung, daß ein Pferd für sportliche Zwecke absout verwendbar ist. Doch ich wende mich auch gegen jeden Extremismus im Leistungssport, bei dem mit allen – selbst unerlaubten – Mitteln die letzten Reserven aus den armen Pferden herausgepreßt werden.
Das Pferd ist von Natur aus ein Bewegungstier und bietet sich deshalb zum Reiten oder zum Ziehen eines Wagens an, wenn die Anforderungen an das Tier nicht überzogen sind. So kommt der Sport des gewaltlosen Freizeit-Reitens dem Urinstinkt des Pferdes entgegen, mit dem Wechsel der Jahreszeiten in bessere Weidegebiete zu ziehen.
Um ein besseres Beispiel zu bringen: Welch herrliches Bild ist es doch, im bunten Laub den leuchtend roten Jagdröcken einer herbstlichen Fuchsjagdgesellschaft zu begegnen. In Deutschland wird dabei gottlob nicht geschossen, den Fuchs symbolisiert ein vorausreitender Reiter. In fröhlicher Geselligkeit wird mit den Pferden ein gut vorbereiteter Kurs absolviert. Einladende, breite und nicht hohe Hindernisse können sowohl gesprungen oder, dem Ausbildungsstand gemäß, umritten werden. Schrittpassagen unterbrechen die auf weichem Boden und mit vernünftigem Tempo gerittenen Galoppstrecken und bilden eine erholsame Rast für Pferd und Reiter. Ein sportliches und gesellschaftliches Erlebnis, das für alle Beteiligten befriedigend ist. Befriedigend schon deshalb, weil nicht nur der Reiter stolz auf eine sportliche Leistung blicken kann, sondern auch die Anforderungen an das Pferd fair waren.
Wo bleibt beim Pferde-Hochleistungssport die gerade im Sport so gepriesene und oft zitierte Fairneß. Gilt diese nur für das Lebewesen Mensch – aber nicht für das genauso fühlende und empfindsame Lebewesen Pferd? Eine Frage, die ich mit einem klaren Ja beantworte. Dies um so mehr, da ein Pferd dem Menschen bedingungslos ausgeliefert ist, wenn es gegen seinen Willen durch schmerzhaften Zwang über unübersehbare Mauern von zwei Metern und mehr geprügelt wird.
Doch betrachten wir nun einmal, vom Gesichtspunkt des artgerechten Leistungsvermögens aus, die wichtigsten Pferdesportarten im einzelnen. Ich werde versuchen, dies so objektiv wie möglich zu tun und auch die Anschauungen

Turnierreiten: Die Abstände zwischen den Sprüngen werden oft so unharmonisch angelegt, daß das unweigerlich zum Abwurf der Stangen führt

Das ist Tierquälerei, wie sie bösartiger nicht sein kann: In seiner Angst vor Schmerzen verweigert das Pferd und rutscht in das Hindernis hinein

und Argumente der Reiter und Fahrer zu berücksichtigen, die diese Sportarten ausüben.

Springreiten

Beginnen wir mit der hierzulande wohl populärsten und spektakulärsten Pferdesportart, dem Springreiten. Zunächst muß einmal festgestellt werden, daß das Pferd, wenn auch vom Körperbau her nicht so zum Springen geeignet wie beispielsweise Raubkatzen, dennoch in der Lage ist, Hindernisse einer bestimmten Höhe zu überspringen. Obwohl Pferde in der Freiheit lieber einen Umweg von fünf und mehr Kilometern in Kauf nehmen, bevor sie einen Graben von nur einem Meter Breite überspringen, sind sie,

Stilspringen ist ein fairer Sport. Leider bleibt er Anfängern vorbehalten

in Flucht versetzt, jederzeit bereit und in der Lage, Hindernisse zu überwinden. So ist also zunächst gegen das Stilspringen, vernünftig ausgeführt, bei artgerechter und auf Belohnung aufgebauter Ausbildung nichts einzuwenden.
Ich kann die Freude der jungen Reiterinnen und Reiter verstehen, wenn sie ihr Können beim Stilspringen messen. Ein Sport, bei dem Springstil und die Harmonie zwischen Reiter und Pferd die Kriterien zur Bewertung sind. Bei dem erfahrene Richter mit Argusaugen darüber wachen, daß die Pferde nicht gequält und geschlagen werden.
Doch leider bleibt dieser für die Pferde faire Springsport nur den Anfängern vorbehalten. Und schon steigt der Leistungsdruck.
Bereits beim Springen der Klasse „A" (Anfänger) werden nur noch das fehlerfreie Überqueren der Hindernisse und die schnellste Zeit gewertet. Wenigstens die Vorschrift der humaneren Wassertrense im Maul und das Verbot von Kandaren, mit denen den Pferden bei unsachgemäßer Handhabung enorme Schmerzen zugefügt werden können, verhindern das Schlimmste in dieser unteren Klasse.
Mit Sporen und Peitsche wird nun versucht, schnellstmöglich mit oft kurzen Wendungen die Pferde zum fehlerfreien Überwinden von Hindernissen zu zwingen. Die grell bemalten Hindernisse haben mit Sprüngen in der Natur überhaupt nichts mehr zu tun. Ich möchte nur einige davon aufzählen: die rote Mauer, der Türme-Sprung, Oxer mit bunten Stangen, Elefantensprung und Tonnensprung – um nur wenige zu nennen.
Mit den höheren Springklassen L, L/M, M, und S werden nicht nur die Hindernisse breiter und höher, sondern die Abmessungen zwischen den Sprüngen so unharmonisch zum normalen Galoppsprung eines Pferdes aufgebaut, daß das bei weniger talentierten oder ausgebildeten Pferden unweigerlich zum Abwurf der schweren Stangen und Mauerkästen führt.
Eine weitere Schikane: Nach einem Weitsprung, beispielsweise über einen Wassergraben, an dem die Pferde vollen Schwung und schnelles Tempo benötigen, wird ihnen ein Steilsprung vorgesetzt. Hier kann kaum ein Pferd das Tempo noch derart verlangsamen, daß es diesen Steilsprung in der erforderlichen Versammlung meistert. Es sei denn, man ist bereit, ihm Schmerzen zuzufügen.
Der Abwurf von Stangen und Mauerkästen wird von den „Sportreitern" bewußt in Kauf genommen, um den Besten zu ermitteln.

Die schrecklichen Begleiterscheinungen kennt ja wohl jeder:
Das Pferd verweigert und rutscht in das Hindernis hinein; es schlägt sich schmerzhaft die Beine an; es wird „aufmunternd" mit Sporen gehackt; brutale Paraden mit scharfer Zäumung zerren peinigend in seinem Maul; sein Reiter schlägt es mit einer stahlarmierten Reitgerte. Beispiele über Beispiele. Selbst Bein- und Genickbrüche der wehrlosen Kreatur werden in Kauf genommen.
Dies alles sind weder Horrorschilderungen noch bösartige Übertreibungen.
Selbstverständlich gibt es Ausnahmen, und ich werde gleich im Anschluß über ein rühmliches Beispiel berichten; doch in der Regel herrschen die häßlichen Bilder vor, gleichgültig, ob man ein Dorfturnier oder eine Fernsehübertragung eines internationalen Springturniers kritisch und genau unter die Lupe nimmt. Ich bin gern bereit, bei jeder beliebigen, nicht ausgesuchten Springsportübertragung unzählige tierquälerische, schmerzhafte und häßliche Szenen aufzuzeigen, die die Pferde peinigen.
Ganz klar und deutlich muß ich feststellen, daß ein Reiter, der den Springsport betreiben will, bereit sein muß, der ihm anvertrauten und hilflosen Kreatur Pferd Schmerzen zuzufügen.

Erfolg auf Kosten einer gequälten Kreatur bringt keine Befriedigung

Angespornt wird dies durch immer höhere Preisgelder, aber auch durch Fantasiepreise, die inzwischen für sichere Springpferde gezahlt werden müssen. Und nur mit diesen Tieren kann man sportlichen Ruhm ernten. Dabei wird allzugern vergessen, daß dies auf Kosten und gegen den Willen einer Kreatur ausgetragen wird, von der man eine Leistungsbereitschaft fordert, zu der man selbst oft nicht bereit oder in der Lage ist.
Ich bekenne, selbst einige Jahre Springsport mit gutem Erfolg betrieben zu haben, kenne den Rausch des Sieges, aber auch die Anforderungen an Reiter und Pferd. Ich weiß, daß die goldene Siegesschleife zu Recht dem Pferd gehört, weiß aber auch, daß dieses Pferd die so strapaziös und unfreiwillig gewonnene Siegestrophäe bei freier Wahl tausendmal lieber gegen einen lockeren Ausritt in der Natur tauschen würde. Ich habe gelernt, daß der Erfolg auf Kosten einer Kreatur keine wirkliche Befriedigung schafft. Und ich habe gelernt, daß das Reiten in der Natur und das Bewältigen der dort vorkommenden, teilweise schwierigen Wegverhältnisse eine faire Anforderung an Pferd und Reiter stellen.

Wenn das Pferd seine Kraft und Schnelligkeit in seiner natürlichen Umgebung mit freiwilligem Leistungswillen anbietet, erlebt man mehr Befriedigung als beim Fordern von Grenzwerten beim Springsport, bei dem man seinem Kameraden vor allem Qualen bereitet.
Wie wenige Pferde bringen den Leistungswillen und vor allem auch das Springvermögen, also die psychischen und physischen Voraussetzungen mit, breite und hohe Hindernisse von 2 Metern und mehr zu überspringen.
Um dies verständlich zu machen, betrachten wir doch nur uns selbst als Beispiel. Jeder mit zwei gesunden Beinen ausgestattete Mensch ist bei etwas Training in der Lage, eine Höhe von 1,20 Meter zu überspringen. Doch würden nicht 99,9 Prozent von uns selbst bei größtem Leistungswillen hoffnungslos blicken, wenn sie dazu aufgefordert würden, ein Hindernis in Türhöhe von 2 Metern im freien Flug zu überwinden?
Dies ist eine Höhe, die nur von einigen begnadeten Hochleistungsportlern geschafft wird. So sind auch Ausnahmeerscheinungen wie das legendäre Springpferd Halla selten, über das ich mit Freude berichten werde. Hier ist die Ausnahme, von der ich weiter oben sprach.
Bei diesem Blutpferd paßte alles zusammen. Springvermögen, Elastizität, Beweglichkeit, Mut. Und vor allen Dingen Springfreudigkeit. Dies alles war gepaart mit der sanften Hand und dem Einfühlungsvermögen des großen Meisters der Springreiter, Hans Günther Winkler. Elegant und in vollendeter Harmonie zauberte er ohne jede Gewalt Höchstleistungen aus seiner Stute heraus.
Jeder Reiter kennt den legendären Ritt am 16. Juli 1956 in Stockholm. Preis der Nationen. Beim ersten Umlauf zieht sich Winkler in der Leistengegend einen Muskelriß zu. Vor Schmerz – und trotz schmerzstillender Mittel – schreit der Meister beim Probesprung vor dem zweiten und alles entscheidenden Durchgang auf und ist nicht einmal mehr in der Lage, seine treue Stute Halla durchzuparieren. Ist dies das Ende der deutschen Mannschaft, die so knapp vor dem Sieg der Goldmedaille steht? Nur eine Morphiumspritze, die jedoch das Risiko birgt, daß Winkler die Selbstkontrolle verliert, kann die Schmerzen etwas betäuben, so daß ein Ritt über den Schwerst-Parcours durchzustehen ist. Kein Pferd hat bis dahin die schwierigen Hindernisse fehlerfrei überwinden können. Halb besinnungs- und völlig kraftlos wird H.G. Winkler in den Sattel gehoben. Er muß sich an ihm festhalten und kann gerade noch seiner Halla die

Die legendäre Wunderstute Halla und Hans-Günther Winkler waren eine Ausnahmeerscheinung im Springsport. 1956 vollbrachten sie ein Wunder

Richtung weisen. Kein Pferd der Welt wäre bereit, unter diesen Umständen auch nur einen einzigen Sprung in dieser Höhe zu gehen.
Doch sie springt, nein, sie fliegt über die Hindernisse. Halla, diese zierliche Wunderstute, scheint zu wissen, um was es bei diesem Ritt geht.
Ohne treibende Hilfe, ohne aufmunternde Worte des hilflos im Sattel hängenden Reiters, der ihr beim Aufsprung kraftlos in den Rücken fällt und so das Pferd zusätzlich stört, geht Halla den Parcours ihres Lebens.
Katzengleich überspringt sie nach der Hürde am Start die schwedische Koppel, überwindet das Gustav-Tor an der Schmalseite des Olympiastadions, den sogenannten „Afrikanischen Schweinestall", sucht sich den passenden Absprung bei dem aus zwei Birkenoxern bestehenden Doppelsprung, der für viele zum Verhängnis geworden ist – bis jetzt alles ohne Fehler.
Reicht die Kraft des Reiters? Er hält sich an der Mähne fest und steuert auf die Palisade in der Mitte des Platzes zu. Leicht touchiert – aber kein Fehler! Reicht der Schwung für den fünf Meter breiten Wassergraben? Auch hier spritzt kein Tropfen Wasser. Versammeln zum Überwinden der mächtigen Irischen Gartenmauer, die selbst Fritz Thiedemann mit seinem berühmten Meteor gleich zweimal zum Verhängnis wurde – eine fast unlösbare Aufgabe.

Gewaltig schnellt die zierliche Stute ab, der Reiter hat Mühe, sich im Sattel zu halten. Unfaßbar: Sie läßt die Mauer unbeschädigt!
Die Zuschauer spüren, was hier vorgeht. Sie springen von den Sitzen auf, derweil bewältigt Halla katzengleich die weiteren Hindernisse. Den Beifallsorkan beim fehlerfreien Überwinden des letzten Hindernisses scheint sie zu genießen – das sieht man ihr an. Die Sensation ist perfekt. Ein Ritt, der für alle Zeiten in die Geschichte des Springsports eingehen wird. Der einzige Null-Fehler-Ritt, der Deutschland die Goldmedaille im Preis der Nationen beschert. Auch die Goldmedaille in der Einzelwertung geht damit an Hans Günther Winkler.

Hallas Leistung war nur möglich, weil sie zu Winkler Vertrauen hatte

Diese Leistung war nur möglich, weil absolutes Vertrauen und tiefe Harmonie zwischen diesen beiden Springsportgrößen Halla und Hans Günther Winkler herrschte.
Es war auch die Leistung eines Pferdes, das alle Voraussetzungen zum großen Springsport mitbrachte. Das nicht in jungen Jahren verschlissen wurde, eine lange, erfolgreiche Springkarriere unter der einfühlsamen Hand seines Meisters hinter sich brachte und lange Jahre in Ruhe bei bester Verpflegung und viel freiem Auslauf auf seinen Lorbeeren ausruhen konnte.
Halla, eine Legende!
Doch wie wenige Pferde – auch Winkler konnte Halla in seiner langen, erfolgreichen Laufbahn nie wirklich ersetzen – haben tatsächlich diese optimalen Voraussetzungen zum Springsport! Wie oft werden fehlendes Talent von Reiter und Pferd durch Reißen, Hacken, Schlagen, Stoßen und Schreien ersetzt!
Von Turnieren kennen wir die Szenen bei Springprüfungen. Von wie wenigen Reitern und Pferden werden diese übergroßen Anforderungen tatsächlich in Harmonie bezwungen?
Ist uns dies alles der Nervenkitzel auf Kosten der Kreatur Pferd wert? Natürlich führen spektakuläre Springen viele neue Interessenten dem Pferdesport zu. Doch ist der Preis, der auf Kosten der meist überforderten Pferde gezahlt wird, tatsächlich zu verantworten? Ist es tatsächlich zu verantworten, daß aus falsch verstandenem Ehrgeiz jeder versucht, aus seinem zum Hochspringen untauglichen Pferd mit allen Mitteln einen „S-Gaul" zu machen?
Fehlendes Talent kann man nicht dadurch ersetzen, indem man Pferde sinnlos und pausenlos über viel zu schwierige Hindernisse jagt.

Eine üble, weitverbreitete Praktik, denen die schlanken Beine und Knochen auf Dauer nicht gewachsen sind. Leider beweist dies der jährlich zu Tausenden ausgeführte Nervenschnitt, mit dem eine sogenannte Hufrollenerkrankung im Hufgelenk nicht geheilt, sondern nur schmerzfrei gestellt werden kann. Bei diesem Eingriff werden die Nerven im Fesselgelenk durchtrennt, so daß das Pferd wohl schmerzfrei, jedoch mit tauben Hufen weiter beansprucht werden kann. Um es brutal auszudrücken: Dies ist eine Reparatur eines Sportgerätes, nötig, weil junge Pferde unausgewachsen und viel zu früh und zu hart trainiert und gefordert werden.

Eine Änderung des Reglements für Springpferde der Reiterlichen Verbände (um mich auch mit denen noch anzulegen) ist dringend erforderlich. Erlaubt es doch die Teilnahme an Springen bereits ab drei Jahren und, noch einmal schlimmer, die Teilnahme an Springen höchster Anforderungen, der Klasse „S", bereits ab sechs Jahren. In dem Alter sind Pferde noch nicht einmal voll ausgewachsen! Unschwer zu erraten, welche Trainingsanforderungen bei solchen Voraussetzungen an Pferde im Kindesalter gestellt werden. So sind sie dann auch in wenigen Jahren verschlissen und gehen dann gequält, verbraucht und weggeworfen den mit Todesangst gepflasterten Weg in die gnadenlosen Schlachtfabriken. Welch Dank für das Opfer ihrer Gesundheit!

Eine Mauer in einer Höhe von 2,30 Metern ist nicht zu rechtfertigen

Den Gipfel stellen die Anforderungen an Pferde bei Springen der Klasse „SB" dar: Bis zur endgültigen Entscheidung werden sie gezwungen, einen mächtigen, gefährlichen Oxer und anschließend eine Mauer, oft bis über 2,30 Meter hoch, zu überwinden. Das ist durch nichts mehr zu rechtfertigen und hat mit artgerechter Haltung und artgerechter Leistung absolut nichts mehr zu tun. Wenn das Pferd die Möglichkeit hätte, Schmerzen und Pein durch Wehlaute auszudrücken, würde sich das Problem Hochleistungsport wegen des Mitgefühls der Zuschauer von selbst lösen. So bleibt es der Vernunft und der Fairneß des Menschen überlassen, den Ehrgeiz nicht auf Kosten eines wehrlosen Tieres zu stillen.

Wir müssen bereit sein, nur so viel an Leistung zu verlangen, wie das Pferd auf Grund seiner Veranlagung und Anatomie zu leisten vermag. Man kann auch die psychische Belastbarkeit nur begrenzt trainieren. Wir müssen streng darauf achten, daß der schöne Sport mit unseren Vierbeinern pferdegerecht bleibt.

Dressurreiten ist eine Sportart, die auf den natürlichen Bewegungen des Pferdes basiert. Wunderschön: das graziöse Fliegen der Beine im Mitteltrab

Sollten wir dazu nicht bereit sein, wird der gesamte Pferdesport bei der langsam erwachenden Bevölkerung zum Schaden aller Pferdefreunde in Verruf kommen. Die jüngste und sehr berechtigte Empörung in den Medien und bei vielen Mitbürgern, als das Barren der Springpferde aufgedeckt wurde, beweist das.

Dressurreiten

Dressur, auch klassische Reitkunst genannt, ist die Sportart aus dem Englisch-Reiten, die weit mehr Können und Einfühlungsvermögen vom Reiter fordert als das leider weit spektakulärere Springen. Wohl sollte auch beim Springsport die Dressurarbeit das Fundament sein, doch wird eine solide Ausbildung dieser Art bei Pferd und Reiter leider sehr oft vernachlässigt.
Dressurreiten, die Krönung der klassischen Reiterei: Natürliche Bewegungen, Tritte, Schritte und Gangarten werden in unterstützender Versammlung vorgestellt. Ein erfreuliches Bild, wenn das Pferd richtig ausgebildet ist und der Zügel fadenleicht geführt wird. Schön anzuschauen, wenn das Pferd scheinbar spielerisch, verwachsen mit dem Reiter, in ausbalancierter Schwebe und vollendeter Versammlung die Piaffe oder das elastische Umspringen beim Galoppwechsel a tempi vorführt. Wunderschön das graziöse Wegwerfen und Fliegenlassen der Beine im Mitteltrab und das mühelose Überkreuzen der Beine bei der Traversale. Welch ein Gehorsam, wenn es aus dem Rückwärtsrichten in einen ruhigen, runden und versammelten Galopp übergeht. Welch kraftvolles Bild, wenn das Pferd bei der Ga-

lopp-Pirouette auf der Hinterhand eine vollendete Galoppwendung ausführt und am Schluß mit stolzer Haltung völlig ruhig vor den Richtern steht, die den Gruß seines Reiters im eleganten schwarzen Reitrock und Zylinder entgegennehmen. Ein Augenschmaus und eine Augenweide für alle Pferdefreunde. Eine Pferdesportart, die bei richtiger Ausführung dem Tier gegenüber fair ist, denn sie fordert vom Reiter die gleiche Leistung wie vom Pferd.
Man denke dabei nochmals an die Worte des vielleicht größten Reiters aller Zeiten, der mit ein und demselben Pferd, seinem Goliath, 1923 in Malmö, einem der bedeutendsten Turniere Europas, sowohl das „Schwere Springen" wie auch die „Große Dressur" gewann. Eine einmalige Leistung in der Geschichte des Pferdesports von diesem Sportsmann, der wohl viel von seinen Pferden forderte, aber sich selbst nichts schenkte. Es war Freiherr von Langen, der diese denkwürdigen Worte prägte: „Es ist unfair, vom Pferde mehr zu verlangen als vom Reiter!"
So kann beim Dressurreiten nur dann ein Erfolg beschieden sein, wenn in ehrlicher und beiderseitiger Arbeit eine gründliche und solide Ausbildung bei Pferd und Reiter zugrunde liegt. Die Grundlage des Dressurreitens – die Versammlung des Pferdes – kann nur dann erreicht werden, wenn die volle treibende Kreuzhilfe auf den Rücken des Pferdes wirkt. Eine fehlende Kreuzhilfe kann in keinem Fall durch eine harte Hand oder treibende, mit Sporen bestückte Absätze ersetzt werden. Dies wäre nicht nur schmerzhaft für das Pferd, sondern würde durch die künstliche Abbiegung des Halses das Tier verkrampfen lassen, das in

Die hohe Kunst des Dressurreitens: Hier zeigen Reiter und Pferd die Traversale. In ausbalancierter Schwebe überkreuzen die Beine mühelos

ünftiges

Bei der Military werden aus ängstlichen Tieren Leistungen herausgepreßt, zu denen das Pferd im Normalfall überhaupt nicht fähig ist

dieser Haltung niemals seinen Rücken zur Versammlung anböte.
Einer irrigen, leider weit verbreiteten Meinung muß hier deutlich widersprochen werden: Dressurpferde würden beim Weidegang „auseinanderfallen". Genau das Gegenteil ist der Fall. Wie soll das Bewegungstier Pferd, dem Abreagieren des normalen Bewegungstriebes beraubt, in der Lage sein, gehorsam und entspannt seinen Körper zur vollendeten Versammlung anzubieten? Nur bei genügend Auslauf ist das Pferd nicht mehr verkrampft und kann erst dann mit leichten Hilfen versammelt werden.
So möchte ich abschließend feststellen: Wenn dem Dressurpferd bei täglichem freien Auslauf auf einer Koppel die Möglichkeit gegeben wird, sich zu lösen, zu lockern und zu entspannen, ist Dressurreiten in der „Klassischen Reitkunst" eine Sportart, die vertreten werden kann. Eine Sportart, die wohl vom Pferd eine Leistung fordert, bei der aber der Reiter ebenfalls gefordert wird. Sie basiert auf den natürlichen Bewegungen der Pferde und dem Spiel und der Gestik in der Herde und stellt somit artgerechte Ansprüche an das Pferd. Dressurreiten ist ein eleganter Sport, bei dem die Harmonie zwischen Reiter und Pferd die Bewertungsgrundlagen sind und die Leistungsansprüche zwischen Reiter und Pferd fair verteilt.

Military oder Vielseitigkeitsreiten

Das Vielseitigkeitsreiten ist ein Sport, der die größten Anforderungen an die Ausbildung und das Leistungsvermögen der Pferde stellt. Es setzt sich zusammen aus einer Dressurprüfung, einer Springprüfung in einem mittelschweren Parcours und einer Geländeprüfung.
In dieser mit Recht umstrittenen Geländeprüfung – mehr als 20 Kilometer lang – müssen bei der Vielseitigkeitsprüfung der Klasse „S" rund 25 bis 30 festgebaute Hindernisse auf einer rund 6000 Meter langen Galoppstrecke in vorgeschriebener Zeit überwunden werden.
Diese Hindernisse stellen hohe Anforderungen an die Kondition der Pferde. Fest gebaut stellen sie für die teilweise erschöpften und oft überforderten Pferde eine ernste Gefahr dar, was leider durch die häufigen Todesstürze bewiesen wird.
Besonders bei der Military werden aus dem ängstlichen Fluchttier Leistungen mit Sporen und Peitsche herausgepreßt, zu denen das Pferd im Normalfall nicht fähig ist.

Das ist „normaler" Sport: Military! Kopfüber stürzende Pferde gehören zum alltäglichen Bild bei dieser oft tödlich endenden Tierquälerei

Nicht genügend trainiert und ausgepumpt, fehlt ihm oft die Kraft für die letzten schwierigen Geländehindernisse, bei denen der Aufsprung oft tiefer liegt als der Absprung. Die Pferde müssen in Wasserläufe ein- und ausspringen, was durch einen kurz darauffolgenden Steilsprung nochmals erschwert wird. Massive Holzstöße und Mauern machen den Geländeritt auch nicht gerade einladender – und so entstehen die bekannten schrecklichen Szenen, die man nur als brutale Tierquälerei bezeichnen kann.

Knochen- und Genickbrüche sind bei der Military an der Tagesordnung

Kopfüber gehende Pferde, Reiter, die aus dem Sattel geschleudert an den Zügeln hängen und den Pferden mit Kandaren schreckliche Schmerzen im Maul zufügen, Reiter, die auf ihre Pferde einprügeln, wenn die ängstlich vor den massiven Hindernissen zurückschrecken. Ja, selbst Knochen- und Genickbrüche sind bei diesen überschweren Prüfungen an der Tagesordnung. Und die Hiobsbotschaft fast jeder Militaryprüfung lautet: Pferd tot zusammengebrochen.

Wie können Menschen diese Tierquälerei verantworten? Selbst wenn wenige Pferde teilweise souverän, athletisch und austrainiert diese Aufgabe bewältigen – die startende Masse ist überfordert, und zwar Pferd und Reiter.

Empörend der Ausspruch eines Reiters bei einem bekannten Turnier im Süden Deutschlands, nachdem er beim Military-Reiten in der Dressurprüfung den letzten Platz belegt hatte: „Dem Bock werde ich es im Gelände schon zeigen." Die Zeugen, die das hörten, waren schockiert.

Bei diesem „Sport" ist es eben möglich, fehlendes reiterliches Vermögen durch Brutalität wettzumachen.

Übrigens: Der erwähnte Reiter bezahlte sein unverantwortliches Verhalten mit dem Leben. Er ritt in der genannten Geländeprüfung so wild, daß sein Pferd stürzte und ihn unter sich begrub.

Zum Schutz der Pferde helfen auch tierärztliche Kontrollen nichts, denn kein Veterinär hat die Möglichkeit, die Kondition, die Ausdauer und die erforderliche psychische Stärke der Pferde für einen schwierigen Parcours im voraus zu bestimmen, zumal der Faktor Reiter ebenfalls noch dazukommt.

Ich frage mich: Wie viele Pferde und Reiter müssen bei dieser Sportart noch ihr Leben lassen, bevor man endlich begreift, welcher Wahnsinn hier betrieben wird?

Die Schreckensbilanz der letzten Military-Meisterschaft in Luhmühlen 1991 spricht für sich.

Bei einem Geländeritt über 24 Kilometer, davon 6555 Me-

ter Querfeldeinstrecke mit 28 schweren Hindernissen, erreichten von 85 Startern 31, also mehr als ein Drittel, nicht das Ziel.
Die furchtbare Bilanz: 26 Stürze,
ein Pferd starb überfordert an Herzversagen,
zwei schwerverletzte Reiter und
viele bleibende Gesundheitsschäden bei den Pferden.

Trabrennsport

Wenn wir die Pferde in der Natur betrachten, stellen wir fest, daß sie sich meist im Schritt bewegen. Wenn sie, aus welchem Grund auch immer, zu schnellerer Gangart veranlaßt werden, fallen sie nach wenigen Übergangsschritten im Trab in den raumgreifenden Galopp, der die Pferde bei Gefahr bis zu 70 Stundenkilometer schnell werden läßt. Kein Pferd in der Freiheit würde jemals die Gangart Trab wählen, wenn es flüchten muß.
Trabrennen, bei denen Höchstanforderungen in dieser Gangart gefordert werden, sind somit absolut unnatürlich. Die Verletzungsgefahr ist groß, die Bänder und Sehnen unterliegen einem übergroßen Verschleiß. Weil das Pferd bei der Erfordernis einer schnelleren Gangart sofort mit rundem Rücken den Galopp wählen würde, verhindert dies beim Trabrennen eine besondere Zäumung.
Der Kopf des Tieres wird mit einem vom Geschirr am Rücken ausgehenden Zügel nach oben ausgebunden. Sein dadurch unnatürlich nach oben gerichteter „Storchenhals" wird auf den Rücken übertragen. Das so entstehende Hohlkreuz macht es dem Pferd nun nicht mehr möglich, zum Galopp den Rücken rundzumachen.
Welch „geniale" menschliche Erfindung! An der normalen Galoppade gehindert, vom fest mit dem Pferdekörper verbundenen zweirädrigen Wagen, dem Sulky, gescheucht, entwickelt das auf Flucht bedachte Pferd nun eine außerordentliche Beinaktion beim Trab.
Die Vorderbeine werden nicht wie beim „starken Trab" im Dressurreiten nach vorn geworfen, sondern abgewinkelt und in schneller Folge stark angehoben. Der gesamte Schub kommt aus der Hinterhand, wobei die Hinterbeine weit nach vorn treten. Unvorstellbar, daß in dieser anomalen Gangart Geschwindigkeiten bis zu 60 km/h erreicht werden. Daß sich das Pferd wohl fühlt, Fluchtgeschwindigkeit in dieser artfremden Haltung zu entwickeln, kann ich mir bei bestem Willen nicht vorstellen.

Dies beweisen auch die Verletzungen, an denen diese armen Pferde ständig zu leiden haben. Sehnenschäden, Verwundungen durch die weit nach vorn tretende Hinterhand, Überdehnungen von Bändern und Sehnen durch die einseitige Belastung auf den Rennbahnen, Kronbeinbrüche und vieles andere mehr sind an der Tagesordnung.
Raffiniert geformte Eisen mit ausgeklügelten Gewichtsanordnungen zur höheren Trabaktion belasten die Beine und tragen mit Sicherheit nicht zum Wohlbefinden des Pferdes bei. Ganz zu schweigen von den schmerzenden Paraden und den offiziell verbotenen, doch beim heimlichen Training oft angewandten Peinigungen, wenn das Pferd einmal in den für ihn normalen, doch beim Trabrennen zur Disqualifikation führenden Galopp verfällt.
Erschwerend kommt hinzu, daß Rennen bereits mit zweijährigen Pferden durchgeführt werden. Das entspricht, wie ich schon vorgerechnet habe, einem Kindesalter von sechs Jahren beim Menschen.
Ist es da noch zu verwundern, daß viele Trabrennpferde das Endalter für Trabrennen – in der Regel bei Stuten acht Jahre und bei männlichen Pferden vierzehn Jahre – nicht erreichen?
So gehen sie, nachdem sie als Objekt für Spekulationen, Wetten und Nervenkitzel ausgenutzt und verbraucht sind, den unmenschlichen Weg zum Pferdemetzger, auch wenn sie ihren Besitzern oft Zigtausende Mark verdient haben.
Wer sie nach dem Rennen in der Box einmal sah, die so leicht in Angst zu versetzenden Vollblüter (was jedem Besucher verwehrt wird), wird als Tierfreund tiefes Mitleid verspüren: Schweißtriefend und schäumend, bis zur Erschöpfung ausgebrannt, mit panisch blickenden Augen, sind sie ein Bild des Jammers.
Natürlich gibt es auch seltene Ausnahmen. Pferde, die diesen anomalen Ansprüchen gewachsen sind, die sowohl die Härte und Nervenstärke, das Leistungsvermögen und eine ausgeprägte Trabaktion mitbringen. Aber leider müssen nur in den allerwenigsten Fällen die Pferde nicht zum Traben gezwungen werden.
Dabei ist der Traber ein Pferd, das sich nicht nur durch seinen hervorragenden Charakter und Leistungswillen auszeichnet, sondern beste Reiteigenschaften besitzt. Vom Streß der Rennbahn entfernt, sind sie schnell und gern bereit, den Renntrab zu „vergessen", um ihn durch den normalen Galopp zu ersetzen. Bei einem erfahrenen Ausbilder sind sie bald in der Lage, selbst bei leichtester Zügelfüh-

Trabrennen fordern höchste Leistungen in einer zur Flucht unnatürlichen Gangart. Gegen das Galoppieren wird der Kopf nach oben ausgebunden

rung mit hergegebenem Rücken im Schritt-Tempo zu galoppieren, weil die beim Traber wichtige kräftige Hinterhand paradoxerweise gerade dafür wie geschaffen ist.
Ich persönlich liebe sie, die anfangs so nervösen, verängstigten Pferde, die nach kurzer Zeit positiver Erfahrungen absolut problemlos, ruhig und dennoch leistungsbereit mit den leichtesten Hilfen treu ihren Dienst tun. So sind sie dann selbst für Kinder ein absolut sicheres Reitpferd.
Schon viele habe ich zugeritten und damit vor dem Schlachthof gerettet, und sie dankten es mir teilweise mit mehr als 20jähriger Treue in Gesundheit, obwohl sie eine anstrengende Rennlaufbahn hinter sich hatten.
In keinem Fall sind auch die durch unnatürliche Belastung beim Trabrennsport entstandenen Sehnen-und Bänderprobleme wieder aufgetaucht, denn beim gewaltlosen Freizeitreiten sind die Beanspruchungen an das Pferd artgerecht.
Mein „Dreikönigsbub", elfjährig von der Trabrennbahn gekauft, ist mir mit nun 28 Jahren nicht nur besonders ans Herz gewachsen, sondern auch der Liebling aller Kinder, die in meiner Westernstadt in den Ferien das gewaltlose Freizeitreiten erlernen. 16 Jahre nach einer erfolgreichen Rennpferdelaufbahn erfüllt er mir als Reitpferd treu seine Dienste. Keine Stunde krank gewesen, legt er noch heute Wert darauf, bei einem Ausritt sein „Rudel" anzuführen, was ihm auch das Vorrecht gibt, im selben Stall mit seinem berühmten Kameraden „Spitzbub" durch ein Fenster alles zu verfolgen, was in der Ranch seines Herrn vor sich geht.
Gern bin ich bereit, allen Interessenten mit Rat und Tat zur Seite zu stehen, wenn sie geneigt sind, als Freizeitpferd ei-

nen Traber zu erwerben. Nicht nur, um vielen Trabern den Gang zum Metzger zu ersparen, sondern in der vollen Überzeugung, durch meine reiche Erfahrung den Freizeitreitern damit – nach Ausbildung natürlich – ein Pferd an die Hand zu geben, das an Härte, Treue, Bravheit, Leistungsvermögen und Unkompliziertheit nicht zu überbieten ist. Ein „gebrauchter" Traber ist ein preiswertes Pferd für alle Freizeitreiter, das in den Eigenschaften und Statur den Westernpferden sehr nahe kommt.

Fahren

Das Pferd war nicht nur Jahrtausende als Reittier das schnellste Fortbewegungsmitttel des Menschen, sondern es erlangte nach der Erfindung des Rades auch als Zugtier eine besondere Bedeutung. Nicht nur in der Landwirtschaft genutzt oder zum Ziehen von Kutschen und Frachtwagen, wurde es auch schon frühzeitig als Zugtier zu sportlichen Veranstaltungen entdeckt. Wer kennt sie nicht, die in dem spannenden Monumentalfilm „Ben Hur" nachgestellten Filmszenen der Wagenrennen aus der alten Römerzeit, wo im wahrsten Sinne des Wortes Kämpfe bis aufs Messer geliefert wurden. Solch alte Traditionen hat der Fahrsport nachzuweisen.
Natürlich stellt sich auch hier die Frage: Ist der Fahrsport angesichts einer artgerechten Haltung und Verwendung des Pferdes zu akzeptieren? Obwohl das Pferd in der Natur ursprünglich nichts ziehen mußte, ist es doch in der Lage, sich schnell auf neue Situationen einzustellen.
So ist das Ziehen eines Wagens längst eine Anforderung an das Pferd, das bald in seine Gewohnheiten aufgenommen wird. Bei positiven Erfahrungen wird es diese Arbeit gern ausführen, kommt sie doch seinem Bewegungstrieb entgegen. Mit dem Pferdegeschirr und dem Wagen vertraut gemacht, wird es diese Aufgabe genauso annehmen, wie es das Gewicht des Reiters auf seinem Rücken duldet.
Natürlich besteht auch hier die Gefahr, daß die Pferde durch übergroße Belastungen überfordert werden, was in der Vergangenheit leider allzu oft geschah. So gehörten Pferde von zehn bis fünfzehn Jahren, in diesem Alter normalerweise zu Höchstleistungen fähig, auf den Bauernhöfen schon zum alten Eisen. Sie wurden erstens zu früh und zweitens viel zu hart gefordert.
Wie man heute mit den Pferden in den Fahrwettbewerben und beim Hindernisfahren umgeht – Zeit und Hindernis-

Schon in der Römerzeit wurden Pferde als Zugtiere bei Wagenrennen eingesetzt und ausgenutzt (hier eine Filmszene). Bis heute hat sich nichts geändert...

fehler werden bewertet –, ist fair. Vorwiegend ist Geschicklichkeit gefordert, und Schwung und Eleganz sind Kriterien der Bewertung.
Doch leider gibt es auch hier schon wieder nutzlose Steigerungen, geht man auch hier an die Leistungsgrenze der Tiere. Beim Gelände-und Streckenfahren in der Klasse „M" und „S" bedarf es schon großer Routine von Roß und Fahrer. Bei der Marathonfahrt der Klasse „S" aber wird die absolute Leistungsgrenze der Pferde gefordert.
Warum muß auch hier wieder der Mensch Ansprüche an das Tier stellen, die er selbst, bequem in der Kutsche sitzend, nicht bereit ist zu erfüllen?
Dabei ist „normales" Fahren so wunderschön! Ist es nicht ein zauberhaftes Bild, temperamentvolle Pferde in glänzenden Geschirren in Zweier-, Vierer- oder gar Sechsergespannen zu sehen? Wenn sie in stolzer, freigewählter Haltung das für sie kaum spürbare Gewicht eines leichten Jagdwagens oder einer Viktoriakutsche ziehen. Nicht vorstellbar eine Feierlichkeit des englischen Königshauses ohne die prunkvolle, von herrlichen Schimmeln gezogene Kutsche der Queen, oder die Eröffnung des Oktoberfestes in der bayerischen Metropole München ohne die prächti-

Andreas Maurus ist Meister im Fahrsport. Er beherrscht ein Zwölfergespann in vollem Galopp. Die wichtigen vorderen Pferde sind 17 Meter entfernt!

gen, sechspännigen Bierwagen, die von mächtigen Kaltblutpferden gezogen werden. Kaltblüter, die das dreifache Gewicht eines normalen Reitpferdes auf die Waage bringen!
Das Straßenbild unserer Zeitepoche wurde ohne die Kutschen und Wagen ärmer. Es fehlt das Knallen der Peitschen, das bedächtige Klappern der Hufe, die in den Pferdeäpfeln nach Haferkörnern suchenden Spatzen.
Irgendwie schade...
Schön, daß noch wenige Idealisten diese wunderschöne Tradition aufrecht erhalten, damit unsere Kinder und Enkel nicht nur aus Büchern mit einem langen Abschnitt der Menschheitsgeschichte vertraut werden.
Ich habe sie erlebt, die schönen romantischen Stunden, fremde Landschaften mit einem Planwagen in der Gemeinschaft mit Pferden zu erkunden oder, begleitet vom hellen Klang der Schlittenglocken und dick eingepackt, durch tiefverschneite Wälder zu fahren. Mosaiksteine und Farbtupfer in meinem Leben, auf die ich nicht verzichten möchte. Erlebnisse, von denen ich hoffe, daß sie noch die Enkel und Urenkel der heutigen Generation genießen können.
Doch eines muß ich jenen sagen, die sich für diesen schönen Sport interessieren. Reiten ist entschieden leichter.
Ich werde ihn ein Leben lang bewundern, den großen Könner im Fahrsport, Andreas Maurus, mehrfacher bayerischer

und schwäbischer Meister. Bei einer Wohltätigkeitsveranstaltung im Augsburger Stadion lenkte er ein Zwölfergespann im Galopp. Unglaublich, wie er die Ausfahrt durch das enge Stadiontor, bei der eine Abwendung von mehr als 90 Grad erforderlich war, sicher, souverän und gefahrlos bewältigte. Ich gestehe, sonst ganz bestimmt nicht ängstlich, daß ich alle Muskeln zum Absprung angespannt hatte, als ich den Wust von Zügeln sah, die es hieß, im Galopp bei dieser starken Wendung einzeln, Pferdepaar um Pferdepaar, nacheinander einzuholen. Nur dank der starken Ausstrahlung dieses Meisters im Fahrsport ist es möglich, auch noch den Willen auf die wichtigsten zwei vorderen Pferde zu übertragen, die in 17 Meter Entfernung und nur mit einem leichten Zügel verbunden ihre Kräfte spielen lassen.
Und ich bin sicher, wenn ich mich irgendwann und irgenwo einmal aufs Altenteil zurückziehe, werde ich meine Autos zugunsten eines leichten Pferdegespannes eintauschen.

Jagdreiten

Das Jagdreiten kann, wie auch der Fahrsport, auf eine alte Tradition zurückblicken, war es doch bei gesellschaftlichen Anlässen eine beliebte Beschäftigung der Könige, Fürsten und Edelleute. Prunkvolle Feste wurden nach dem Halali der Jagdhörner gefeiert, wenn die Jagdbeute von den Treibern zusammengetragen war. Ein Blutbad, das zum Glück beim Jagdreiten in Deutschland längst nicht mehr Brauch ist.
Übrig blieb ein gesellschaftliches Ereignis im Herbst, der idelaen Jahreszeit zum Reiten. Bei fairen Anforderungen an Roß und Reiter wird eine gut vorbereitete, landschaftlich schöne Strecke in wechselnden Gangarten absolviert. Mit Sprüngen, die einladend breit, niedrig und gut zu taxieren sind, an denen auch das Vorbeireiten mit jungen, unerfahrenen Pferden nicht als Angst, sondern als Vernunft ausgelegt wird. Schrittstrecken und Pausen sind nicht nur für das Pferd wohltuend, sondern geben auch dem Reiter die Möglichkeit, eine Erfrischung zu sich zu nehmen. Der „Fuchs" wird heute durch einen auserwählten Reiter ersetzt, und Piköre wachen streng darüber, daß das Feld nicht von einzelnen Teilnehmern überritten wird. Oft noch von einer Hundemeute angeführt, die mit fröhlichem Gebell einer künstlich gelegten Spur folgt, ist die Fuchsjagd ein sportli-

ches und gesellschaftliches Ereignis, das für alle Beteiligten ein unvergeßliches Erlebnis darstellt.
Eine erfreuliche Sportart mit unserem Freund, dem Pferd.
Natürlich ist auch für die Jagd nicht jedes Pferd geeignet. Tiere, die in der Gemeinschaft mit anderen einen derartigen Vorwärtsdrang entwickeln, daß sie nur noch mit Gewalt oder schärfster Zäumung gehalten werden können, haben, deutlich gesagt, auf einem Jagdfeld nichts verloren. Bei richtiger Ausbildung – auch das kontrollierte Verhalten unter mehreren Pferden muß den Tieren vertraut gemacht werden – sind jedoch die meisten Pferde den Anforderungen einer Fuchsjagd gewachsen.
So allerdings nur in unseren Breiten. In England dagegen, seinem scheinbaren Ruf als Land harter Sportsleute offenbar schuldig, ist Jagdreiten nicht nur für die Pferde eine gefährliche, verletzungsreiche Sportart, sondern fordert auch von den Reitern einen an Dummheit grenzenden Mut.
Im scharfen Galopp müssen hohe, unnachgiebige Steinwälle, nicht einladend gebaute feste Steilsprünge wie Koppeleinzäunungen und viele andere sinnlose Hindernisse übersprungen werden. Sie zu umreiten ist nicht möglich. Leider viel zu viele Unfälle beweisen: Das sind Anforderungen an die Pferde, die weder fair noch zu verantworten sind. Nur um zu der „furchtlosen Gilde" der Jagdreiter zu gehören, wird die Gesundheit und das Leben der Pferde

Galopprennen stellen sich selbst in Frage, wenn zweijährige Fohlen anzutreten gezwungen werden. Erst mit sechs Jahren ist ein Pferd erwachsen

Die herbstliche Fuchsjagd bietet nicht nur ein farbenprächtiges Bild, sie ist auch eine Sportart, in der fair mit den Pferden umgegangen wird

riskiert – ein Preis für fragwürdigen Ruhm auf Kosten unschuldiger Tiere.
In Deutschland dagegen ist Jagdreiten durch die Herausnahme der unsinnigen Risiken entschärft; eine Disziplin, die wohl sportliche Leistungen von Roß und Reiter fordert, aber bei fairen Bedingungen für beide jeden wahren Pferdefreund zufriedenstellt. Wo man nicht mit allen Mitteln Höchstleistungen herauspreßt, nicht bis zur Erschöpfung kämpft, Sieger nicht über Unterlegene triumphieren, sondern das Ziel angestrebt wird, das eigentlich für alle Sportarten zutreffen sollte – eine Leistung in der Gemeinschaft zu vollbringen.
Ein leuchtendes Vorbild, die deutsche Jagdreiterei, das Beispiel geben könnte, auch andere Pferdesportarten zu entschärfen. Dann käme er wieder zum Tragen, der Sinnspruch, der eigentlich über allen Sportarten stehen sollte: Dabei sein ist alles!

Galopprennen

Galopprennen sind auf der ganzen Welt die Nummer eins, wenn es um die Gesamtbesucherzahl von Sportveranstaltungen geht. Zum einen locken die Pferde und das gesellschaftliche Ereignis, zum anderen die Wetten und das Geld. Viel Geld. Pferderennen und die Zucht sind weltweit

ein wichtiger, oft unterschätzter Wirtschaftszweig. Wenn wir bedenken, daß rund 6000 Menschen allein in Deutschland in dieser Branche arbeiten, Wettumsätze von 200 Millionen Mark und somit viele Millionen an Steuern anfallen, so ist der Vergleich mit einem großen Wirtschaftsunternehmen durchaus angebracht.
Diese Sportart wird mit Vollblutpferden betrieben. Die Bezeichnung Vollblut gilt nur für zwei Pferderassen – für das arabische und das englische Vollblut. Die Zucht des englischen Vollblutes wurde aber ebenfalls durch arabische Pferde geprägt. So wurden im Jahr 1121 Pferde orientalischen Ursprungs nach Schottland eingeführt.

Galopprennen sind in Ordnung, wenn erwachsene Pferde sie bestreiten

Nur das Vollblut bringt die Voraussetzung zum Rennsport mit. Das grundsätzlich ehrliche, leistungsbereite und bei ruhiger Behandlung absolut unkomplizierte Pferd ist bereit, bei Leistungsdruck alles zu geben und bis zur totalen Erschöpfung zu laufen.
Ist Galopp artgerecht? Es handelt sich immerhin um eine Grundgangart des Pferdes. So ist an Galopprennen bei athletischer Ausbildung und vernünftigem Training zunächst einmal nichts auszusetzen. Bedenklich wird es jedoch, wenn die leicht in Panik zu versetzenden nervigen Vollblüter bei Rennen zu Leistungen getrieben werden, die gesundheitliche Schäden zur Folge haben. Unverantwortlich ist es auch, Rennen mit zweijährigen Pferden durchzuführen, die bereits einjährig mit dem Training beginnen müssen. Wir haben hier dasselbe Problem wie bei den Springpferden, die ebenfalls im „Kindesalter" bereits Hochleistungssport zu trainieren gezwungen werden. Es ist nicht schwer, sich die schlimmen Verschleißerscheinungen vorzustellen, die bei den noch wachsenden Knochen und Organen auftreten.
Alle Pferdefreunde sind gefordert, darauf hinzuarbeiten, daß das Alter der zu startenden Pferde angehoben werden muß. Auch Pferde sollen die Chance haben, durch vernünftiges Training – wie auch bei jedem Langstreckenläufer oder Sprinter – die zum Rennen erforderliche Kondition erlangen zu können. Und dabei die Muskeln, Sehnen und Bänder so zu stärken, daß die wie auch die Organe die großen Anforderungen des Hochleistungsports unbeschadet überstehen können.
Auf Sicht gesehen wäre dies, auch von der finanziellen Seite her betrachtet, lohnender, denn wie viele Rennpferde fallen in jungen Jahren durch Verletzungen und zu frühe Abnützungserscheinungen aus.

Von der Sicht des Tierschutzes aus müßten Rennen ím Fohlenalter zum Schutz des Tieres verboten werden. So stellt sich einmal mehr die Frage: Warum muß durch solche Extreme auch hier wieder diese beliebte Sportart ins Zwielicht geraten? Galopprennen sind ein Sport, der Millionen Menschen auf der ganzen Welt erfreut. Bei dem durch die vielseitigsten Wetten sich jeder einmal kurzfristig als Pferdebesitzer fühlen kann. Wo die Faszination der dahinstürmenden Pferde auf die Zuschauer übergeht. Ein bißchen weniger könnte entscheidend mehr sein.

Western-Reiten

Ziel der Western-Reiterei ist es, das Pferd mit minimaler Hilfegebung zu beherrschen. Nachdem es die erforderlichen Hilfen begriffen hat, wird das Pferd belohnt, wenn es auf sie reagiert. Dies geschieht, indem die Hilfen des Schenkels oder des Zügels beendet werden. So ist beispielsweise der Zügelkontakt nur zur Korrektur des Tempos oder der Richtung angebracht.
Auch im Turniersport des Western-Reitens gibt es in der Mehrzahl Disziplinen, in denen das Pferd, in dieser zwanglosen Weise geritten, Gehorsamsübungen zu absolvieren hat. Es ist erfreulich, die Pferde beim Rückwärtsgehen in Schlangenlinien um Pylone zu beobachten. Schwieriger, als es den Anschein hat, ist es, Gattertore vom Pferd aus zu öffnen und zu schließen, ohne sie mit der Hand loszulassen. Gefordert ist bei der Trailprüfung das gehorsame Überqueren einer Wippe, das Reiten über mindestens vier Stangen im Schritt, Trab oder Galopp und eine große Auswahl von Wahlhindernissen, die bezwungen werden müssen. Blechbüchsen in Säcken zu transportieren und Planen zu überreiten gehört ebenfalls zu den Übungen, die nur mit Belohnung trainiert werden können. Dies alles sind sportliche Vergleiche, die wohl Geduld bei der Ausbildung erfordern, aber Roß und Reiter zufriedenstellen, denn sie fördern die Verbundenheit zwischen beiden.
Eine Vielzahl weiterer Prüfungen, auf die ich hier im Detail nicht eingehen will – Cutting, Barrel-Race, Western Riding und viele mehr – beweisen, daß man ein Pferd mit minimalen Hilfen beherrschen kann.
Strapaziös und nicht ungefährlich für die Pferdebeine wird es aber beim „Reining", der neben der Arbeit mit Rindern spektakulärsten Disziplin beim Western-Reiten. Hier werden nach Run-Downs, also schnellen Galopps, sogenannte

Sliding Stops verlangt, bei denen das Pferd einige Meter auf der Hinterhand rutschen soll. Rasante Wendungen aus dem Galopp um 180 Grad (Roll backs) beanspruchen ebenfalls Sehnen und Gelenke.

Wie auch bei allen anderen Pferdesportarten können derartige Extremleistungen auch hier nicht mehr ohne erhebliche schmerzende Hilfen durchgeführt werden. Der Einsatz von scharfzackigen Sporen und blanken Kandaren gehört leider zum gewohnten Bild, das einem Tierliebhaber die Zornesröte ins Gesicht treibt. Denn manche Reiter versuchen wieder einmal, ihr Unvermögen mit Härte und Brutalität auszugleichen. Das war leider auch auf dem Abreiteplatz der letzten Americana, der Europameisterschaft im Western-Reiten, bei etlichen Reitern festzustellen.

Ohne die Extrem-Prüfungen ist jedoch das Western-Reiten eine Disziplin, die, durch die leichte Hilfen geprägt, für das Pferd angenehm und zu empfehlen ist. Grundlage dieser Reiterei ist das absolute Vertrauen zwischen Reiter und Pferd.

Verzichtet man auf die extremen Prüfungen, die es hier leider auch gibt, ist das Western-Reiten eine harmonische Sportart mit minimalen Hilfen

Auch ein Pferd hat ein Recht

Als Überschrift für dieses Kapitel habe ich bewußt einen Titel aus meiner LP mit den schönsten Pferdeliedern gewählt. Ich schrieb dieses Lied nach einem Besuch des Pferdemarktes im Münchner Schlachthof. Geschrieben in tiefer Niedergeschlagenheit, dank der traurigen Bilder, denen ich dort begegnet bin.
Hier standen sie neben gut verkäuflichen Importpferden, die einst so stolzen Renn- und Sportpferde. Ihre Gesundheit und ihre Knochen geopfert dem Ehrgeiz und der Gewinnsucht ihrer Besitzer. Chancenlos, ein neues Zuhause, einen neuen Stall zu bekommen. Willkommenes Futter für die Aufkäufer südeuropäischer Schlachtfabriken. Opfer von Menschen, denen sie, jahrelang überfordert, oft Zigtausende Mark gewonnen haben. Menschen, die ihnen die Gesundheit ruinierten und ihnen das nicht einmal mit einem mehr als verdienten Ruhestand auf einer Koppel danken. Menschen, die von ihren Pferden tatsächlich noch das Blutopfer der tagelangen qualvollen Transporte in den Süden Europas verlangen, nur weil dabei noch ein paar Mark mehr herausgeholt werden können.
Und da frage ich mich, sind das wirklich Menschen?
Denn ich kann sie nicht vergessen, die Bilder, die ein Fernsehteam drehte, als es heimlich einen Pferdetransport von München aus in den Süden Europas verfolgte. Sie brachten einen Dokumentarfilm zurück, der anzusehen ein Muß für jeden Pferdebesitzer ist. Er würde sich vielleicht dessen bewußt, wie unwürdig er mit der ihm anvertrauten Kreatur umgegangen ist.
Eng in Lastwagen und Anhänger gepfercht, gingen sie den letzten qualvollen Weg in den heißen Süden. 16 Pferde, ausgedient in Renn-und Reitsport, gnadenlos der heißen Sonne in ihren stickigen, überfüllten Wagen ausgeliefert, beim stundenlangen Warten an den Grenzen. Drei Tage nachweislich ohne Wasser und Futter. Das frühe Todesurteil für drei von sechzehn Pferden, die diesen wahnsinnigen, unmenschlichen Transport nicht überlebten. Zwei gebrochene und viele verletzte Pferdebeine zeugten beim Ausladen am Zielort von den Rangordnungskämpfen der untereinander fremden Pferde.
Dies jedoch leider nicht genug, denn den Pferden, die bis jetzt noch nicht tot sein durften, stand die in südlichen

Ländern übliche Schlachtmethode bevor. Nicht das schnelle, schmerzlose Töten mit dem in Deutschland üblichen Schußapparat (für mich die humanste Tötungsart), sondern das grausame und furchtbare, oft langwierige Töten mit einem Hammer.
Die Haare stehen mir zu Berge, wenn ich die Übelkeit erregenden Bilder eines armen Pferdes vor mir sehe, bei dem mit dem ersten Schlag keine Betäubung erreicht werden konnte, sondern erst der zehnte oder elfte Schlag des vor Todesangst und Schmerzen tobenden Pferdes auf den mittlerweile völlig deformierten und blutüberströmten Kopf das Tier von seinen Qualen erlöste.
Szenen, deren Brutalität mit Worten überhaupt nicht zum Ausdruck gebracht werden kann. Ich will sie einfach nicht verschweigen und damit hinnehmen, denn leider gehören sie genauso zu der Realität des Pferdesports wie die Siegesposen der über die Pferde herrschenden Menschen.
Diese leider so selten gezeigten Bilder würden vielleicht das Bewußtsein der Pferdehalter wecken, sich nicht aus der Verantwortung stehlen zu können. Sie würden den treuen Sportkameraden dann vielleicht nicht an einen Pferdehändler abschieben. Vielleicht weckt das Wissen um die zu erwartenden Qualen ihrer Pferde ihr Gewissen und läßt ihnen diese Szenen in Alpträumen erscheinen.
Ich gönne sie ihnen von Herzen.
Eine weitere Tragödie erlebte ich bei einem weiteren Besuch des Pferdemarktes, der mir auch gleichzeitig die negativen Auswirkungen von gut gemeinten Gesetzesänderungen zeigte. Altersrenten nur an Landwirte zu zahlen, die bei Erreichung der Altersgrenze ihren Hof ihrem Nachfolger überschrieben haben. Aus wirtschaftlichen Gesichtpunkten sicher eine gute Entscheidung.
Doch da stand er nun, inmitten feilschender Pferdehändler, der alte, von harter Arbeit gezeichnete Bauer. Durch die Überschreibung des Hofes an den Sohn entmachtet, mit seinem alten, treuen und ausgedienten Ackerpferd. Ehemals für die Ernährung der Familie so wichtig, heute durch moderne Maschinen ersetzt, war der Sohn nicht mehr bereit, das überflüssig gewordene Arbeitsgerät Pferd weiterhin zu unterhalten. Der Preis des täglichen Korbes voll Gras war dem Sohn sowohl für die Treue des Tieres wie für die Tierliebe seines Vaters zu hoch.
Solchermaßen zum Verkauf gezwungen kämpfte er, angesichts des Alters und der Rasse seines Tiers völlig aussichtlos, um das Leben des ihm ans Herz gewachsenen Pferdes.

Mit Engelszungen versuchte er vergeblich, den desinteressierten Besuchern sein treues Pferd zu verkaufen. Alle Lobeshymnen und Beteuerungen nutzten nichts. Als der Markt sich langsam dem Ende neigte, blieb ihm nur noch der Weg zum Pferdemetzger. Der Gang zur Waage war ein Bild des Jammers. Der alte, gebrochene Mann, der sich gegen seinen von ihm großgezogenen Sohn nicht durchsetzen konnte, mit seinem am langen Zügel vertrauensvoll folgenden Kameraden, der ihm selbst beim letzten Gang treuen Gehorsam leistete.
Als er selbst hier noch mit nassen Augen und tränenerstickter Stimme einem letzten Besucher verzweifelt versuchte, sein Pferd zu verkaufen, mußte ich meine Beobachtungen beenden und mir die Abschiedszene ersparen, denn es schickt sich nicht für einen „harten Cowboy", in der Öffentlichkeit auf einem ganz normalen Pferdemarkt bitterlich zu weinen.
Respekt zolle ich jedoch diesem alt gewordenen Mann vom Lande, der die eiskalte Aufkäuferin von Schlachtpferden für Südeuropa beim Schlechtmachen seines Pferdes empört von seinem Stand jagte. Respekt zolle ich auch der Größe dieses Mannes, der sich wohl gegen den beerbten

Schreckensstätte Schlachthof: drei arme Pferde, die zum Transport in den Süden Europas verurteilt wurden. Wann hört dieser Wahnsinn endlich auf?

Sohn nicht durchsetzen konnte, jedoch sein Pferd beim letzten schwersten Gang nicht allein ließ. Ein Gang, der für ihn sicher einer der schwersten seines Lebens war. Respekt, den der Erbe des Hofes sicher nicht verdient.
Mit diesen Schilderungen möchte ich euch auf keinen Fall vom Besuch der Pferdemärkte abhalten, sondern ganz im Gegenteil dazu ermuntern und euch auffordern, die Augen ein wenig zu öffnen und auch hinter die Kulissen des munteren Treibens eines Pferdemarktes zu blicken.
Wieviele Schicksale und Tragödien spielen sich hier ab, oder haben sich bereits bei der Abgabe der Tiere an Händler abgespielt, die übertüncht werden durch das lautstarke Feilschen und Handeln um junge, gesunde Pferde, durch das Lachen und die Freude frischgebackener Pferdebesitzter. Mir gaben diese Besuche Anlaß, einen Obolus aus dem Gewinn meiner Schallplatten und Kassetten mit den schönsten Pferdeliedern abzuführen zu Gunsten alter Pferde an den Deutschen Tierschutzbund in Bonn. Und ich schäme mich auch nicht, für diese leidgeprüften und durch menschliche Undankbarkeit verlassenen Pferde zu betteln, um wenigstens einigen Pferden den schwersten Gang ersparen zu können.
Euch, meinen hoffentlich mit diesem Buch gewonnenen Freunden, möchte ich ganz besonders ans Herz legen, daß das Erwerben und Halten eines Pferdes eine große Verantwortung darstellt. Daß das Pferd kein totes Sportgerät ist, das nach Gebrauch oder Verschleiß achtlos weggeworfen , sprich geschlachtet werden kann. Ich hoffe, euer Bewußtsein geweckt zu haben, daß diese sensiblen Tiere fühlen wie wir Menschen, jedoch Schmerzen nicht zum Ausdruck bringen können. Sie sind die besten Kameraden, und ich habe meine glücklichsten und erfolgreichsten Stunden im Sattel erlebt.
Ich wünsche Euch von ganzem Herzen das große und erhabene Gefühl, mit Tier und Natur eine Einheit geworden zu sein. Die Probleme des Alltags zu vergessen, dem Staub und Abgasgestank der Autos zu entfliehen, erholsame Stunden an der Koppel zu verbringen beim Betrachten des friedlichen Bildes grasender Pferde oder teilzuhaben am Glück übermütig herumspringender Fohlen, die noch nicht ganz Herr ihrer überlangen Beine sind.
Und trägt die Losgelöstheit von der Erde auf dem Rücken eines Pferdes nicht dazu bei, einmal nachzudenken über das große Geschenk Leben. Ein wichtiger Beitrag zum bewußteren Leben, aber auch eine Aufforderung, das Leben

Harmonie: erholsame Rast mit dem friedlich grasenden Freund

der anvertrauten Tiere zu achten. Nicht bei Mißständen die Augen zu schließen oder wegzuschauen, sondern die Größe zu haben, für die leider noch viel zu oft gequälte Kreatur Pferd zu kämpfen und ein Veto bei Mißhandlungen einzulegen.
Eine möglichst artgerechte Haltung gehört genauso zur Achtung des Lebens wie der Dank einer wohlverdienten Altersweide nach langen, aufopferungsvollen und treuen Dienstjahren, in denen sie uns das höchste Glück der Erde auf ihren erhabenen Rücken schenkten. Geben wir es ihnen zurück, danken wir es ihnen durch einen verdienten Ruhestand. Durch das Bewußtsein, dem Kameraden Pferd gegenüber fair zu sein und das Leben des anvertrauten Tieres zu achten, werden wir reich entschädigt und können dann frohen und guten Gewissens das so inhaltschwere Wort Freund ihm gegenüber gebrauchen.
Und sicher könnt ihr nun auch mich verstehen, als ich damals nach dem Besuch des Pferdemarktes dieses Lied schrieb. Ich stehe mit vollem Herzen dahinter – denn auch ein Pferd hat ein Recht.

Auch ein Pferd hat ein Recht

Wo wäre der Mensch denn geblieben,
hätte er nicht zum Freunde das Pferd.
Es hilft dir schon tausende Jahre,
kennst Du überhaupt seinen Wert?

Es trug Dich geduldig durch Berge,
zog den Wagen und pflügte das Tal,
im Krieg half es mutig Dir siegen,
wie oft litt es Schmerzen und Qual.

Auch ein Pferd hat ein Recht,
wenn es müde ist,
auf Rast und auf Ruhe wie Du,
drum dank ihm die Treue,
laß ihm die paar Jahre,
zeig ein Herz,
denn sie stehen ihm zu.

Noch heute geht Dir über alles,
Dein Pferd, wenn es nur immer siegt.
Es hilft Dir, den Stress zu vergessen,
beim Reiten, wenn die Mähne fliegt.

Doch wehe, wenn krank es geworden,
weil der Mensch oft die Grenzen nicht kennt,
dann wird es verkauft und verlassen,
das Pferd, das er Freund so oft nennt.

Dann steht es zusammengetrieben,
verlassen in Markthalle 8,
sucht vergebens ein neues Zuhause,
und wird dann zur Schlachtbank gebracht.

Mit Angst in den so treuen Augen,
beim letzten Weg voller Qual,
blickt suchend nach Dir in die Runde
und wiehert Dir ein letztes Mal.

Auch ein Pferd hat ein Recht,
wenn es müde ist,
auf Rast und auf Ruhe wie Du,
drum dank ihm die Treue,
laß ihm die paar Jahre,
zeig ein Herz,
denn sie stehen ihm zu.

Ein letztes Wort zum Sport

Bei der Betrachtung der Pferdesportarten war ich bemüht, nicht zu detailliert auf einzelne einzugehen, um auch den Laien auf die Problematik des Hochleistungssports aufmerksam zu machen. Nochmals möchte ich betonen, daß das Pferd wohl in der Lage ist, eine Leistung zu bringen, die auch in der Natur von ihm gefordert wird. Im Spitzensport ist es jedoch dem falschen Ehrgeiz der Menschen willenlos ausgeliefert, die auf Kosten einer hilflosen Kreatur Lorbeer ernten wollen.

So kann man den Einsatz eines Pferdes im Sport bei richtiger athletischer Ausbildung bejahen. Hochleistungssport, so spektakulär er auch sein mag, ist auf jeden Fall für die Pferde schmerzhaft und mit Angstzuständen verbunden. Verletzungen, selbst der Tod der Tiere, können dabei nicht ausgeschlossen werden. Aus diesen zwingenden Gründen muß auf die Frage „Hochleistungssport mit Pferden" jeder verantwortungsbewußte Tierfreund mit einem klaren „Nein" antworten.

Nur wenn sich die öffentliche Meinung endlich ändert, nur wenn wir die Tierquälereien beim Sport anprangern, können wir die offiziellen Verbände veranlassen, die Ausschreibungen zu entschärfen. Die Diskussion über das Barren hat das gezeigt.

Wir wollen schöne, harmonische Bilder sehen mit diesem so eleganten Tier. Nervenkitzel auf Kosten unschuldiger Kreaturen, die stumm von Menschen zugefügte Schmerzen ertragen müssen, sind zu verurteilen und menschenunwürdig. Helfen wir alle mit, Reiter, Pferdeliebhaber und Tierfreunde, daß es durch die Überforderung im Hochleistungssport und die damit verbundenen Qualen und Ängste für das Pferd nicht zur Ablehnung der gesamten Reiterei kommt. Laßt uns die einzige Sportart, in der die gesamte Schöpfung umfaßt ist, in dem Bewußtsein der Fairness auch gegenüber der Kreatur erleben. Denn wo läßt es sich bewußter leben als auf dem Rücken eines Pferdes, eingerahmt von den Schönheiten der Natur!

Fred Rai und sein Spitzbub – ein unzertrennliches Paar

Stichwortverzeichnis